COURS ÉLÉMENTAIRE

DE

TENUE DES LIVRES,

PAR

J. V. Villeneuve fils,

Instituteur Primaire.

A Pau, de l'Imprimerie de Veronese fils,
RUE DU COURS-BAYARD.

1835.

COURS ÉLÉMENTAIRE

DE

Tenue des Livres;

PAR

J. V. VILLENEUVE FILS,

Instituteur primaire.

A Pau,
DE L'IMPRIMERIE DE **VERONESE** FILS. — Rue du Cours-Bayard.

AVANT-PROPOS.

Réunir dans un plan simple et concis les principes de la Tenue des Livres, expliquer et faire disparaître dans un ouvrage purement élémentaire, les difficultés qu'elle présente, tel est le but que je me propose. Jusqu'ici les divers auteurs qui ont parlé de cette science, se sont tous attachés à la présenter en grand; de là, pour un élève, la difficulté de parvenir à s'en faire promptement une idée juste; de là, les embarras qu'il éprouve dans cette étude. J'ai cru, dis-je, que pour rendre la méthode plus simple, il suffisait de présenter succintement, sans néanmoins rien omettre de ce qu'il est nécessaire d'enseigner, les divers cas que le commerce présente.

J'ai divisé mon ouvrage de telle sorte, qu'on parvient graduellement du simple au plus difficile. J'explique d'abord les principes généraux, et je passe ensuite à la méthode à suivre pour résoudre les cas embarrassans. Dans mes livres, je classe mes articles de manière à ce que ceux qui sont compliqués, ne viennent qu'après ceux dont ils découlent naturellement.

Les heureux résultats que j'ai obtenus jusqu'à ce jour par ma méthode, m'encouragent à la livrer au public; je suis persuadé d'avance qu'elle pourra être de quelque utilité.

Je divise l'explication des principes en quatre parties : la première renferme les comptes généraux et leurs subdivisions; la deuxième, les comptes particuliers, les comptes des marchandises en commission, des marchandises en société, etc.; la troisième parle des livres qui sont en usage dans le commerce, et montre à les tenir; je parle enfin, dans la quatrième partie, de la Balance et de l'ouverture des Livres.

J'ai cru devoir faire marcher l'explication de ce dernier article après la balance des Livres, parce que l'on ne saurait supposer qu'il soit possible de comprendre la conséquence avant que le principe ne soit émis; or, l'ouverture des Livres n'est que la conséquence immédiate de la Balance de sortie.

PREMIERE PARTIE.

Comptes Généraux.

Tout le mécanisme de la tenue des livres consiste à tenir des notes simples, claires et précises, des affaires d'un négociant. Ces notes doivent encore être exactes ; c'est-à-dire, qu'elles doivent lui représenter, jour par jour, les opérations de son commerce.

D'après la loi, tout négociant est obligé de tenir un livre journal qui représente ses achats, ses ventes, ses acceptations et négociations d'effets, ses frais, en un mot, tout son commerce. Mais, comme il est urgent qu'un négociant connaisse au premier coup d'œil sa position, ce livre, quoiqu'il suffise pour le mettre à l'abri de toute poursuite judiciaire, lui devient insuffisant, et nous démontrerons plus tard que le grand livre lui devient indispensable.

Tout le commerce roule sur cinq branches principales : les marchandises, l'argent comptant, les engagemens que l'on forme, les billets que l'on reçoit, les profits ou les pertes que l'on éprouve. Le négociant se trouve donc naturellement représenté par cinq comptes. Ces comptes sont dits généraux, et connus sous les noms de *comptes des marchandises générales*, *de caisse*, *d'effets à payer*, *d'effets à recevoir*, ou *traites et remises*, *de profits et pertes*.

Compte de Marchandises Générales.

Ce compte renferme toutes les productions, soit de la nature, soit de l'industrie, qui sont du ressort du commerce. Il se subdivise en cinq classes : la première renferme les marchandises qui font le commerce ordinaire du négociant ; la seconde, ceux de fabrique et de fabrication; la troisième, est dite de cargaison sur tel ou tel navire: la quatrième renferme les marchandises en commission de tel ou chez tel; la cinquième, les marchandises en société.

La première classe doit être débitée de toutes les marchandises qui entrent en magasin, créditée de toutes celles qui en sortent.

La deuxième classe doit être débitée de l'achat des matières premières, de la valeur des ustensiles, des frais de réparation, des journées d'ouvriers, etc.; créditée de la valeur des objets fabriqués, de la valeur des ustensiles que l'on vend; et on lève à cette deuxième espèce, un compte particulier que l'on crédite par profits et pertes.

On lève aussi au compte de cargaison, un compte à part, que l'on débite de la valeur des marchandises, des frais qu'elles occasionent, du frêt ou prix de transport, etc. On les crédite du rapport net des marchandises à leur vente, et l'on solde par profits et pertes.

Quand aux deux dernières classes, il en sera parlé dans la seconde partie.

Il est à observer que le négociant se trouve débité ou crédité, lorsque l'on débite ou que l'on crédite l'un des cinq comptes généraux. Il est encore à observer, qu'en débitant un compte, celui des marchandises, par exemple, je dois créditer, par contre, celui qui les fournit.

Caisse.

On appelle compte de caisse, le compte qui représente le négociant, quand à son numéraire; on débite ce compte de tout l'argent que l'on reçoit, on le crédite de celui que l'on donne en paiement, que l'on prête, ou que l'on perd.

Effets à payer.

Les engagemens que forme un négociant, les traites que l'on fournit sur lui, sont du ressort de ce compte. De là, deux classes distinctes, qui cependant se rapportent au même compte. L'une renferme les engagemens que forme un négociant par son billet, la seconde se rapporte aux traites tirées sur lui, et qu'il revêt de son acceptation. Ces traites sont payables par le négociant, du moment qu'elles sont revêtues de sa signature. On crédite ce compte des effets et des acceptations que l'on donne, on le débite de ceux que l'on retire. Il paraît au premier coup d'œil, ridicule que le négociant se crédite de ce qu'il doit, mais observons, que l'effet par lequel il s'engage, le libère à l'égard de celui auquel il le remet. C'est, à proprement parler, une espèce de marchandises qu'il donne en échange d'autres, mais qu'il s'engage à retirer plus tard.

Traites et Remises.

Je divise ce compte en trois classes : celui de lettres et billets à recevoir, celui de traites et remises, celui de remises ès-mains de divers.

La première classe renferme les billets et lettres de change que l'on reçoit en paiement; la seconde, les lettres de change et les mandats que l'on tire sur un débiteur, soit que ces lettres de change soient payables sur simple avis, ou qu'elles le soient seulement après acceptation. Cette classe renferme encore les remises que l'on reçoit d'un correspondant, acceptées ou non acceptées; pour la troisième classe, elle comprend les remises que l'on fait à un correspondant, soit de billets, lettres, ou traites pour l'encaissement ou pour les négocier. Les trois classes étant du ressort du même compte, on le débite des effets qui entrent en portefeuille, on le crédite de ceux que l'on encaisse, que l'on négocie, que l'on donne en paiement et que l'on perd.

Profits et Pertes.

Ce compte renferme une foule de subdivisions qu'il est inutile de détailler. On le débite des pertes que l'on éprouve, on le crédite des bénéfices que l'on fait. Le négociant, s'il veut se rendre compte de ses frais divers, tient un carnet pour chacun d'eux, et porte leur montant à ce compte, soit à la fin du mois, soit à l'inventaire seulement.

On tient ordinairement un compte de frais généraux; à ce compte se rapportent les divers frais du négociant, mais il n'est cependant qu'une subdivision de celui de profits et pertes, puisqu'on le solde par ce dernier.

DEUXIEME PARTIE.

Comptes particuliers.

Outre les cinq comptes généraux, ouverts sur les livres, il en est une infinité d'autres que je nomme comptes particuliers. Parmi ces comptes, les uns sont ouverts au négociant dont on tient les livres, les autres aux individus avec lesquels il fait quelque négoce. De là, deux sortes de comptes particuliers ; les uns personnels, les autres individuels.

Comptes particuliers personnels.

Le compte de capital doit être considéré comme le premier des comptes personnels. Le négociant le débite de ce qu'il doit ; en commençant son commerce, il le crédite de ce qu'il possède en capital. Quoiqu'ayant une grande affinité avec les comptes généraux, il ne doit pas cependant être confondu avec eux. Il appartient personnellement au négociant ; c'est, pour ainsi dire, son compte unique, puisqu'à ce compte se rapportent ses fonds, ses bénéfices, ses pertes. Quant aux livres, c'est le compte final ; car après avoir réglé tous les comptes, balancé les profits et pertes, le compte de capital sert à terminer la balance générale. Pour ce qui est, hors la balance, des articles à passer dans ce compte, je distingue deux cas principaux : 1°. Lorsque le négociant recueille une succession, ou qu'il reçoit des fonds d'une main étrangère à son commerce, c'est un capital qui n'appartient nullement à ses opérations ordinaires, c'est donc ce compte qui doit en être crédité.

Le second cas existe lorsque le négociant éprouve dans ses affaires une perte considérable ; son capital, par cela même diminuant, on l'atténue en débitant le compte de capital.

Souvent un négociant fait des spéculations sur des marchandises étrangères à son commerce ordinaire, désirant connaître si cette branche peut lui rapporter quelque bénéfice ; il lui lève un compte à part, et qui doit, en tout, être distingué du compte des marchandises générales.

Le compte des frais généraux représente au négociant les diverses dépenses qu'il fait dans le courant de l'année, telles que les dépenses du ménage, de ports de lettres, etc. Ce compte doit être débité de tous les débours qui s'y rapportent, et, à la fin de l'année, dès que l'on balance les livres, on le solde, en portant son montant au débit du compte de profits et pertes.

Tout négociant, outre son compte de frais généraux, doit avoir un compte à part pour ses dépenses personnelles. Ce compte appelé de levée, marque d'abord la somme que le négociant se fixe pour chaque année. On le débite des sommes prélevées, on le solde par profits et pertes.

On débite le compte d'immeubles de leur valeur, par capital des frais faits pour réparations ; on le crédite de leur valeur à la balance de leur rapport, et l'on solde à l'inventaire par profits et pertes.

Le compte de mobilier doit être débité du prix de l'achat, des frais de réparations ; crédité des meubles que l'on vend, ainsi que de leur valeur à la balance ; on le solde par profits et pertes.

Comptes Particuliers Individuels.

A cette espèce de comptes se rapportent les affaires faites à terme avec un autre négociant, les diverses relations commerciales que l'on a avec un correspondant. On peut considérer ces comptes de deux manières : ou comme portant intérêt, ou comme simples. Ces derniers sont tenus sur le grand livre. Ils représentent au négociant ce qu'il fournit à chacun de ses correspondans et ce qu'il reçoit d'eux. Les premiers, connus sous le nom de comptes courans, sont tenus différemment sur le grand livre. Ces comptes portant intérêt, et l'intérêt des sommes dépendant toujours du temps qu'elles restent dehors, on trace des colonnes, soit pour marquer l'époque de la remise des sommes, soit pour marquer le temps qui s'écoule de cette époque à la clôture du compte, soit aussi pour marquer l'intérêt qu'elles portent. Comme il est ordinairement d'usage d'avoir un livre uniquement affecté pour cette espèce de comptes, j'expliquerai plus au long, à la fin de cet ouvrage, la manière de le tenir.

Compte de Marchandises en Commission.

Le compte de marchandises en commission se subdivise en deux classes : ou l'on reçoit des marchandises en dépôt, ou l'on en envoie chez un correspondant ; dans le premier cas, les marchandises étant portées sur le livre d'entrée, on débite ce compte des frais qu'elles occasionnent, des remises que l'on fait et des acceptations que l'on donne. Comme il est d'usage de s'allouer une commission, on en débite encore ce compte. On le crédite de la valeur des marchandises vendues, et on le solde par le débit ou le crédit du compte de *tel*.

Quand on établit un dépôt chez un correspondant, on débite le compte de la valeur des marchandises à leur prix courant ; on le débite aussi des frais qu'elles occasionent. Ce compte doit être crédité de ce que les marchandises rapportent, et de la commission que l'on accorde. Lorsqu'on reçoit quelque somme, on crédite ce compte d'autant ; le solde final se fait par profits et pertes.

Comptes de Marchandises en Société.

Le compte de marchandises en société présente quatre cas, qu'il est nécessaire de bien distinguer.

Premier cas. Lorsqu'un négociant est associé à quelqu'un, qui seul est chargé de l'achat et de la vente des marchandises : 1.º Après avoir reçu avis, on débite ces marchandises en société pour notre portion de ce qu'elles coûtent, frais compris. On crédite pour autant le créancier naturel ; c'est-à-dire, que si on compte le montant pour sa part, on crédite le compte qui l'a fourni, ou l'on crédite le compte de son associé, quand on ne lui compte point notre part ; 2.º quand on nous apprend la vente, nous devons créditer ce compte pour notre portion dans le produit net des marchandises, débitant par contre, ou le compte de notre correspondant, ou le compte qui reçoit le montant ; on solde par profits et pertes.

Deuxième cas. Lorsqu'on est chargé de l'achat et non de la vente : 1º. On crédite les comptes généraux qui ont fourni le montant des marchandises et des frais qu'elles ont faits ; et l'on débite chaque associé pour sa part de l'achat et des frais, marchandises en société pour la nôtre. On pourrait encore débiter le compte de marchandises en société de la valeur totale, le créditant de la part de chaque associé, mais il est plus simple de suivre la première méthode.

2°. Quand on reçoit avis de la vente, on crédite ce compte pour son produit net dans la vente, débitant pour autant le vendeur; on débite encore cette personne pour la part de nos associés que l'on crédite d'autant; solde par profits et pertes.

Troisième cas. Quand on est seulement chargé de la vente: 1°. On débite ce compte du prix des marchandises et des frais.

2°. Après la vente, on crédite du produit net, et l'on solde après l'avoir débité de la part de chaque associé par profits et pertes.

Quatrième cas. Quand on est chargé de l'achat et de la vente: on débite marchandises en société de la valeur des marchandises et des frais, le créditant de la part de chaque associé.

A la vente on le crédite du net de la valeur des marchandises, le débitant pour la commission et pour la part de chaque associé. Solde par profits et pertes.

Du Protêt.

Je crois à propos, avant de passer outre, de parler du protêt des effets, et de la manière d'en passer écritures.

On appelle protêt, le refus de paiement à un effet ou à une acceptation, constaté par un huissier accompagné de deux témoins. Le protêt doit être fait le lendemain de l'échéance de l'effet. (Voyez Code de commerce, titre 8, § 11 et 12.)

Pour passer écritures au journal de cet article, si l'on est soldé et de la valeur de l'effet protesté et des frais faits, il n'y a pas d'écritures à passer. Si l'on n'est pas remboursé et que l'on renvoie l'effet, on crédite les comptes qui ont déjà été débités de l'effet protesté, les comptes qui ont fourni le montant des frais, et l'on débite celui de l'individu à qui on renvoie l'effet.

TROISIEME PARTIE.

Des Livres.

Manière de les tenir.

J'ai déja dit quels étaient les livres indispensables dans une maison de commerce ; il est encore des livres, dits auxiliaires, lesquels en apparence moins nécessaires, sont cependant d'une grande utilité dans une maison de commerce. Tels sont le Brouillard, le Livre de caisse ; le Livre de traites ou remises, où entrée et sortie d'effets à recevoir. l'Echéancier, ou livres d'effets à payer, les livres d'entrée et sortie des marchandises, le livre de menus frais. Parmi ces livres, les plus en usage sont le Brouillard et le Livre de caisse. Je parlerai de ceux-ci seulement.

Brouillard.

On inscrit, sur ce livre, en conservant l'ordre des dates, le détail de tous les achats, de toutes les ventes que l'on fait, des prises et négociations d'effets ; des billets que l'on consent, des acceptations que l'on donne, etc.

Ce livre doit être tenu avec soin ; c'est sur lui que l'on doit rédiger le journal ; et pour être clair dans ce dernier livre, il est urgent de l'être aussi dans le travail préliminaire.

Caisse.

Le livre de caisse ne renferme que l'entrée et la sortie des fonds. Le compte ouvert à la caisse, par débit et par crédit, renferme, au débit, tout ce que l'on reçoit, au crédit tout ce que l'on donne en argent. Ce livre comme le brouillard, ne saurait être tenu avec trop de soin.

Dans les maisons de haut commerce, il est un commis qui seul s'occupe de la caisse ; il doit la balancer souvent, sinon tous les jours, du moins tous les mois. Il peut ou porter sa balance en dedans hors des colonnes, ou balancer sa caisse à chaque folio, et porter le report au folio suivant. Je ne connais là dessus d'autre règle que l'usage de chaque maison.

Journal.

A ce livre doit se porter toute l'attention du négociant, puisque, tenu d'après la loi, il assure sa tranquillité et garantit ses créances. Le journal, d'après la loi, doit être marqué du timbre du royaume, coté et paraphé par le président du tribunal de commerce de l'arrondissement, ou par le juge de paix du canton; il doit encore être exempt de vides, de ratures et de surcharges; on doit porter le plus grand soin à la rédaction de ce livre, et pour cela, se conformer aux principes suivans.

Premier principe. Dans chaque article du journal, en débitant un compte, on en crédite un autre. Car il n'y a point de débiteur sans créancier, et *vice versa*.

Deuxième principe. On doit passer, sans exception, et jour par jour, écriture de toutes les affaires que l'on fait, en débitant le débiteur et créditant le créancier.

Troisième principe. Celui-là seul doit être débité, qui reçoit, sans fournir le montant de ce qu'il a reçu. Ainsi, par exemple, je vends à quelqu'un des marchandises, et que ne me donnant pas des fonds en paiement, il me donne son billet, il est quitte envers moi, et je ne dois pas le porter sur mes livres.

Quatrième principe. L'individu qui reçoit doit être débité; celui de qui l'on reçoit doit être crédité. On doit donc débiter le compte qui reçoit l'article, créditer celui qui le fournit. Tout le mécanisme des écritures au journal consiste donc à débiter le compte de l'individu qui reçoit, à créditer le compte de l'individu qui fournit : ce qui revient à dire qu'il suffit de bien distinguer le débiteur du créancier.

Je distingue trois manières de passer les écritures au journal, ou trois sortes d'articles : les articles simples, les articles composés, les articles généraux.

Les articles simples sont ceux dans lesquels il n'y a qu'un seul débiteur et un seul créancier. Ainsi, lorsque je vends des marchandises à quelqu'un, et qu'il me compte le montant de ces marchandises, ou qu'il me donne son billet, j'ai deux comptes : celui qui fournit et celui qui reçoit, je débite et crédite par contre. Il en serait de même si je faisais l'opération à terme, je débiterais celui avec qui elle serait faite. Les articles 1, 2, 3 janvier, fournissent un exemple de ce compte.

Les articles composés, connus sous le nom de divers à tel, ou tel à divers, sont ceux dans lesquels il se trouve plusieurs débiteurs pour un seul créancier, et *vice versa*, plusieurs créanciers pour un seul débiteur. Ainsi, pour le premier cas, si je vends des marchandises au comptant, accordant un escompte, je dois créditer le compte des marchandises générales pour la valeur de celles que je vends.

J'ai à débiter le compte de caisse pour le montant de ce qu'il reçoit, et j'ai en outre à débiter le compte de profits et pertes, pour la somme représentant l'escompte que j'ai accordé. Il est à observer que cet escompte est une vraie perte que j'éprouve, puisqu'en accordant une déduction sur le prix des marchandises, je diminue d'autant ce qu'elles devaient me rapporter. L'article du 5 janvier dans mes livres, offre un exemple de ce compte.

Quant au second cas : si j'achète des marchandises au comptant avec un escompte, je dois débiter le compte des marchandises de leur valeur, créditer le compte de profits et pertes pour l'escompte que j'ai obtenu, puisque cet escompte est un bénéfice réel pour moi. Le compte du 14 janvier, dans mes livres, en offre un exemple.

J'appelle articles ou comptes généraux, ceux connus sous le nom de divers à divers. Je les appelle ainsi parce qu'il s'y trouve toujours plusieurs débiteurs et plusieurs créanciers. Ces comptes, quoiqu'en apparence difficiles, ne demandent qu'un peu d'usage. Une courte explication suffira pour en acquérir l'intelligence.

D'un seul de ces articles, je pourrais faire plusieurs comptes séparés, car ils contiennent toujours diverses opérations commerciales, mais pour la plupart liées de telle sorte, qu'il est plus simple de les réunir que de les séparer. Il faut seulement faire attention de séparer les comptes du débit de ceux du crédit, et s'assurer que la somme des débiteurs égale celle des créanciers, afin que les articles du débit, égalent en valeur les articles du crédit.

On peut facilement, pour abréger les écritures, ne passer qu'un seul article pour toutes les opérations faites dans le courant d'un mois, d'une semaine, mais ces comptes sont irréguliers, puisqu'il est urgent d'après la loi de suivre toujours l'ordre des dates. La plupart des teneurs de livres ne passent qu'un article pour chaque jour, et ce, par divers à divers, en suivant le principe suivant.

Il faut débiter chaque débiteur, en commençant par le premier qui se présente dans les opérations que l'on fait ; détailler, soit que l'on débite un particulier ou un compte général, tout ce qui concerne ce compte, et ce qui le concerne seulement. On crédite ensuite, dans le même ordre, les comptes créditeurs ne faisant mention que de ce qui les concerne, alternativement jusqu'au dernier.

Il est évident qu'on peut débiter plusieurs comptes, ou les créditer, aussi facilement qu'on en débite ou crédite un seul ; de là, les opérations par divers à divers, deviennent les mêmes que les opérations des autres comptes.

Grand Livre.

Ce livre n'est qu'un abrégé du journal. On y ouvre un compte par débit et par crédit ; d'abord aux cinq comptes généraux, au compte de capital et aux autres comptes personnels au négociant. On ouvre, en sus, autant de comptes qu'il se trouve d'individus débités ou crédités au journal.

On ouvre les comptes au grand livre, en écrivant en grand, en tête de chaque folio : Doit tel compte ou tel, sur la page à gauche ; Avoir, sur la page en regard. Chaque compte étant ainsi débité et crédité au grand livre, et distingué par son nom particulier, il ne reste plus qu'à transporter au débit ou au crédit de chaque compte général ; au débit ou au crédit de chaque compte particulier au négociant, à tel ou tel individu, ce dont ils sont débiteurs ou créanciers.

MÉTHODE
Pour passer les écritures
Au Brouillard, au Journal et au Grand Livre.

Le brouillard ne renfermant que simple note des affaires faites, on doit, pour bien tenir ce livre, se conformer aux règles suivantes : 1º. Conserver l'ordre des dates, puisque c'est sur ce livre qu'on doit rédiger le journal. 2°. Détailler l'opération que l'on fait, d'une manière claire et simple, ne négligeant rien de ce qu'il est utile d'y porter ; 3°. Détailler les sommes, et avoir soin de porter leur total à la colonne qui, dans ce livre, correspond à la colonne générale du journal. On écrit en tête du journal, l'année, le mois et le jour où il commence; en tête de chaque article la date, et l'on écrit en caractère demi gros, TEL DOIT A TEL, ou simplement TEL A TEL. Le reste de l'article consiste à donner une explication claire, précise et circonstanciée de ce en quoi consiste l'opération que l'on inscrit.

Il y a toujours deux colonnes au journal : l'une pour le détail des sommes ; la seconde pour les sommes générales. A la fin de chaque page, on fait l'addition des sommes de la colonne générale, et on en transporte le total à la page suivante ; continuant ainsi jusqu'à la fin du journal, on connaît le total de toutes les affaires qui y sont contenues.

Il est à remarquer que lorsqu'un article ne peut pas, en entier, être contenu à la fin du folio, on transporte les sommes déjà posées à la première colonne, et que l'on continue l'article.

Pour transporter les articles du journal au grand livre, il y a une opération préparatoire à faire subir au journal. On met avant, en marge du journal et en face du débiteur, le folio du grand livre, sur lequel se trouve son compte, et passant un trait, on écrit dessous, le folio sur lequel se trouve le compte du créancier. Lorsqu'il y a plusieurs débiteurs, on a soin de placer le numéro du folio correspondant au compte de chacun d'eux, pour le compte de divers à divers seulement excepté.

Cela fait, on met le nom du mois en marge du grand livre, et la date à la première colonne, passant note de l'article, on écrit à la première colonne à droite le folio du journal, et à la seconde, le folio de l'article correspondant au grand livre, à la troisième enfin, la somme.

Pour les comptes d'effets à payer et des traites et remises, il existe, outre les colonnes ordinaires, deux colonnes portant les numéros d'entrée et de sortie des effets. Aux comptes d'effets à payer, la première colonne au crédit porte le numéro de sortie de l'effet, la seconde celui d'entrée, après son paiement. Au débit, on trouve à la première colonne, le numéro d'entrée ; à la seconde celui de sortie. Les effets à recevoir ont au débit l'entrée à la première colonne, la sortie à la seconde, et *vice versa*. Ces colonnes se lèvent sur le milieu du folio, comme on le verra dans les livres.

QUATRIEME PARTIE.

De la Balance.

Un négociant doit faire la balance de ses comptes : 1°. lorsque ses livres sont terminés et qu'il en commence d'autres ; 2°. lorsqu'à la fin de l'année on procède à son inventaire ; 3°. lorsqu'ayant un associé, la société se dissout, et en cas de faillite.

Pour faire la balance des comptes, il est nécessaire de distinguer ceux qui portent bénéfice, de ceux qui sont tenus simplement sur le grand livre, pour tel ou tel individu. Les comptes des marchandises générales de commission, de marchandises en société etc., appartiennent à cette première classe ; on les balance par profits et pertes, c'est-à-dire qu'on porte au débit ou au crédit de ce compte, les profits et les pertes que donnent les premiers, du commencement des livres à leur clôture, ou du commencement de l'année à sa fin. Le compte de profits et pertes, renferme donc tous les bénéfices, toutes les pertes que le négociant éprouve. Mais avant de passer outre, et pour donner la vraie méthode de la balance, je dois parler des opérations préliminaires qui sont indispensables. — Avant de procéder à la balance générale des comptes, on doit ajouter toutes les sommes du débit entr'elles, toutes les sommes du crédit les unes aux autres, pour s'assurer que les articles du débit et du crédit sont dûment inscrits sur le grand livre ; on sentira la justesse de cette opération, si l'on fait attention que d'après les règles données pour la partie double, en débitant un compte, on en crédite un autre ; ce qui revient à dire que la somme du débit doit être égale à celle du crédit, pour que les comptes du grand livre soient réputés justes.

Cette opération faite, on travaille au contrôle du journal avec le grand livre, ce qui revient, d'après le principe déjà donné, à faire toutes les additions du journal.

Et comme le grand livre doit contenir toutes les sommes du journal, et celles-là seulement, le total des additions de ce livre devra être égal aux additions du premier.

Cela fait, je porte au crédit du compte de Marchandises, celles restant en magasin, j'ajoute les sommes du débit et du crédit, et la différence qui se trouve entre ces sommes me représente ou mes bénéfices ou mes pertes ; je solde donc le compte des marchandises par celui de profits et pertes. C'est par ce même compte que je solde le compte des marchandises en commission et en société. Le compte de caisse se balance en complétant la somme qui se trouve moindre, et en la portant à nouveau. On porte au crédit de traites et remises les effets qui restent en porte-feuille, et s'il s'en est égaré quelqu'un, on crédite ce compte par profits et pertes, de valeur des effets perdus.

Les billets ou les acceptations du négociant, qui sont en circulation, doivent être portés au débit du compte d'effets à payer. Quant au compte des profits et pertes, après y avoir inscrit les pertes et les bénéfices éprouvés par le négociant, son capital s'augmentant ou se diminuant en proportion de ce qu'il a perdu et de ce qu'il a gagné, on balance le compte de profits et pertes à son tour, et on le solde par le compte de capital. Voilà quand aux cinq comptes généraux. Pour les autres comptes, on s'aperçoit au premier coup d'œil, qu'il suffit pour les balancer de porter au débit ou au crédit ; au débit la somme qui marque de combien il est moindre que le crédit ; au crédit la somme qui marque de combien le débit le surpasse.

Mais pour balancer ces divers comptes, je les ai débités ou crédités pour telle ou telle somme, selon qu'il a été nécessaire. Comme je dois avoir un compte correspondant qui soit aussi débité ou crédité des sommes portées au débit ou au crédit des autres comptes, j'ouvre au journal et au grand livre un dernier compte appelé balance de sortie ; je le débite par divers de toutes les sommes portées pour la balance au crédit des autres comptes, je les crédite pour toutes celles portées au débit.

Ces règles étant suivies, la balance des livres devient facile. Il est un moyen de la simplifier, ce qui consiste à la faire tous les mois ; de cette sorte, à la fin de l'année, on n'a presque point de peine pour la terminer.

Balance d'Entrée.

La balance d'entrée n'étant qu'une conséquence de celle de sortie, on crédite dans cette seconde tous les comptes débités dans la première, et *vice versa*, on débite ceux qu'on a déjà crédités. Ainsi pour ouvrir tous les comptes par la balance d'entrée, il faut:

1°. Débiter chacun des comptes généraux, pour ce que possède chacun de ces comptes. Les comptes de marchandises par exemple de celles qui sont en magasin ; le compte de traites et remises, des effets en porte-feuille ; enfin chacune des personnes qui doivent au négociant, de ce qu'elles doivent pour solde.

2°. Débiter la balance d'entrée des effets en circulation, de l'argent en caisse ou capital du négociant, des sommes qu'il doit à tel ou tel individu, etc.

Pour ouvrir les livres d'une maison qui commence, on débite par capital les divers comptes qui représentent l'actif du négociant, on débite capital par le crédit des comptes qui représentent son passif.

Brouillard, Commencé le 1er Janvier 1835.

1.er JANVIER.

J'ai reçu de LOUBET, de cette ville, pour autant qu'il me doit, sur son billet au 30. — F. 2000 //

J'ai acheté à CROUSEILLES, de cette ville, payable dans le courant, 40 tonneaux vin, à 100 fr. — 4000 //

2.

J'ai acheté à LAMARQUE, de cette ville, contre mon billet au 16, 20 tonneaux vin, à 60 fr. — 1200 //

3.

J'ai acheté à ESPENAN, de cette ville, contre mon billet à deux mois,
500 myriagrammes savon, à.. 15 fr. — 7500
246 kil. café, à.......... 2 » — 492
} 7992 //

4.

J'ai acheté à CROUSEILLES, de cette ville, à quinze jours, 10 tonneaux vin rouge, à 80 fr. — 800 //

5.

J'ai acheté à ESPENAN, de cette ville, à deux mois, 10 tonneaux vin, à 150 fr. — 1500 //

J'ai vendu aux suivans :
à LOUBET, de cette ville, à quinze jours, 30 tonneaux vin, à 120 fr. — 3600
à CROUSEILLES, à un mois, 500 myriagrammes savon à 20 fr. — 10000
} 13600 //

6.

Mon Père m'a donné en espèces. — 10000 //

7.

J'ai vendu à LOUBET, de cette ville, au comptant, 246 kil. café, à 2 fr. 50 c. — 660 //

8.

J'ai vendu à ESPENAN, contre son billet, à quinze jours, 20 tonneaux vin, à 80 fr. — 1600 //

9.

J'ai acheté comptant, 1000 douzaines peaux, à 10 fr. — 10000 //

11.

J'ai acheté à CROUSEILLES, à un mois, 100 tonneaux vin à 100 fr. F. 10000 //

12.

J'ai vendu à LOUBET, de cette ville, à un mois, 10 tonneaux vin à 100 fr. 1000 //

13.

J'ai expédié à TESCH, de Toulouse, 1000 douzaines peaux à 15 fr. 15000 //

14.

J'ai acheté comme suit : 7466 kil. huile au comptant, à 1 fr. 50, à Barran de Pau, contre mon billet au 25 ; 11199
160 tonneaux eaux-de-vie, à 200 fr. 32000   } 43199 //

15.

J'ai vendu à LOUBET, de cette ville, contre mon billet au 30, 100 tonneaux vin à 120 fr. 12000 //

16.

J'ai vendu à TERNE, au comptant, escompte 3 p. %;
7466 kilo huile, à 2 fr.   14932
A déduire escompte 3 p. cent.   447 96 } 14484 04

17.

J'ai acheté à PINÈDE, comptant, escompte 3 p. %,
600 mètres toile, à 2 fr.   1200
A déduire, escompte 3 p. %.   36 } 1164 //

18.

J'ai acheté à THIERS, de Toulouse, contre un crédit que je lui ai ouvert chez TESCH, de cette même ville, 150 tonneaux vin à 100 fr. 15000 //

19.

J'ai acheté contre mon billet, au 30, à CASAUBON, 20 tonneaux vin, à 100 fr. 2000 //

20.

J'ai vendu à LOUBET, de cette ville, 160 tonneaux eaux-de-vie à 250 fr., contre ce qui suit, savoir : espèces, 20000
Son billet à mon ordre, au 30,   16000
au 5 février :   4000 } 40000 //

21.

J'ai vendu à LAMARQUE, contre mon billet échu le 16, 600 mètres toile, à 2 fr. 1200 //

———— » ————

J'ai payé à CROUSEILLES, sa facture du 4. 800 //

22.

J'ai acheté à LOUBET, contre ma facture du 4, qu'il me doit, 360 douzaines peaux à 10 fr. | F. 3600 | //

23.

J'ai encaissé le billet ESPENAN, échu ce jour. | 1600 | //

24.

J'ai vendu comptant, escompte 3 p. %, 150 tonneaux vin à 150 fr. | 22500 |
A déduire, escompte 3 p. % | 675 | 21825 | //

25.

J'ai retiré mon billet ordre Barran, échu. | 32000 |
J'ai acheté à Nolibos, contre un crédit que je lui ai ouvert chez Crouseilles, 1000 douzaines peaux à 9 fr. | 9000 | 41000 | //

26.

J'ai vendu à CAYRO, de cette ville, lui accordant 3 p. % d'escompte sur ce qu'il m'a donné comptant.
20 tonneaux vin blanc, à 150 fr.,
contre lesquels j'ai reçu en espèces, 1800
Son billet au 15 février, 146
Escompte, 3 p. %, sur 1800 fr. 54 | 3000 | 3000 | //

27.

J'ai payé à CROUSEILLES, sa facture du 1.er, comme suit :
En espèces, | 1000 |
Mon billet au 15 février. | 3000 | 4000 | //

»

LOUBET m'a remis pour ma facture du 12 :
En espèces, | 500 |
Une traite sur Ravier, de Paris, 20 février. | 500 | 1000 | //

28.

J'ai acheté à PIERRE, de cette ville, 60 tonneaux vin à 100 fr.; je lui ai donné à compte :
Billet Cayro au 15 février, | 1146 |
Je lui reste, | 4854 | 6000 | //

29.

J'ai prêté à LARRICQ, de Bedous, à 6 p. % d'intérêt, en un effet sur Loubet, échu le 30. | 12000 | //

»

J'ai emprunté à PEYRET, de Pau, 20,000 fr. qu'il m'a prêté comme suit : en espèces, | 2000 |
120 barriques vin à 100 fr. | 12000 |
Un billet, mon ordre, au 15 février. | 5600 |
Intérêt retenu. | 400 | 20000 | //

30.

J'ai pris à LOUBET, à l'escompte, 2 p. %, et en paiement d'un billet échu ce jour.

4000 sur Daléas, de Navarrenx, à vue.				F.
3200 à 2 jours de vue.				
5000 sur Palisse, au 5 février.				
4120 « Perrette, de Pau, au 6.				
16320				
320 à déduire pour escompte.				
16000 net et valeur du billet Loubet.			16000	//

1.er Février.

CROUSEILLES m'a remis en paiement de ma facture
du 5 janvier. — 1000 } 2600 //
Pour compte de Barran de Pau, 16 barriques vin à 100 f. — 1600

3.

J'ai payé à LAPEYRETTE, pour diverses fournitures, 80 } 180 //
A SICOURRET, pour ma pension, 100

4.

Je remets à CHIBERRY de Navarrenx, à l'encaissement:
4000 sur Daléas, de Navarrenx, à vue.
3200 à 2 jours de vue.
5000 Palisse, au 5 février.
12200

5.

J'ai prêté à SOULAT, de Pau, 6 p.% d'intérêt.
En espèces, 5220
Traite Loubet, sur Perrette de Pau, au 6, 4120 } 13660 //
36 douzaines peaux à 12. 4320

7.

J'ai acheté à PINÈDE, de cette ville, pour compte
de Lesponne d'Urdos, contre mon billet au 15 mars, à
la commission de 2 p.%, 60 douzaines mouchoirs à 15 f.,
que je lui ai expédiées par Baillères voiturier, me remboursant par son ordre chez Charbonnel, qui me remet
En espèces, 500 } 918 //
Son billet au 25, 418

8.

DELCOURT d'Amiens, me remet pour être vendues
pour son compte à la commission de 5 p.%, les marchandises suivantes, pour lesquelles j'ai payé 80 f. de frais.
17 pièces perkale peinte, mesurant 60 aunes par pièce,
1020 aunes à 3 fr.; 22 pièces mouchoirs ou 132 douzaines
à 12 fr. la douzaine. — 80 //

9.

J'ai reçu le montant du billet LOUBET, échu. — 4000 //

11.

J'ai reçu de CHIBERRY de Navarrenx, la traite Loubet
sur Palisse de Navarrenx, protestée faute de paiement avec
compte de retour, 5025 } 5050 12
Je m'alloue pour ma commission ½ p.% lui remettant 25 12
sa traite.

12.

SOULAT, de Pau, fait traite sur moi, au 15, pour se rembourser de 4120 fr. montant de la traite Loubet sur Perret.
    Plus 5 fr. frais de protêt.   4125
En tout 4125 que Loubet me remboursera.   61 87   }   4186 | 87
M'accordant 1 et ½ p. % pour ma commission.

15.

J'ai reçu de CROUSEILLES, en paiement de son billet échu ce jour, montant 5600.   3000
   Mon billet échu,   2600   }   5600 | //
   Espèces.

16.

J'ai vendu pour compte de THEN, de Bayonne, 1756 quintaux morue à 25 fr. et dont je remets le montant à L. Brun, de cette ville, retenant d'après nos conventions sur 43900 une commission de 3 p. %.   1317 | //

17.

J'ai acheté au comptant, 3 p. % d'escompte, 4000 bouteilles liqueurs à 3 fr.   12000 | //

18.

J'ai acheté de compte à demi avec TESCH, de Toulouse, 200 barriques vin à 300 fr., dont il me doit le montant pour sa part; au comptant, escompte 4 p. %   60000 | //

19.

J'ai vendu à CROUSEILLES, de cette ville, 1000 douzaines peaux à 12 fr. qu'il m'a payées comme suit :
   Acquit de ses factures du 4 et 11 janvier,   10800
   Espèces pour appoint,   1200   }   12000 | //

20.

J'ai vendu à NOLIBOS, lui accordant 3 p. % d'escompte sur ce qu'il m'a donné à compte en espèces, 17 pièces perkale, mesurant 1020 aunes à 3 fr. 20 c., contre ce qui suit :
   Espèces,   2000
   Un billet au 1.er mars,   1204
   Escompte, 3 p. %.   60   }   3264 | //

21.

Je remets à BARRAN, de Pau, pour être vendu pour compte, 4000 bouteilles liqueurs à 3 fr. 50 c.   14000 | //

22.

THIERS, de Toulouse, me donne avis qu'il a acheté de compte à demi avec moi, 1600 boites raisins de Smyrne, à 3, fesant 4800, et je remets mon billet au 26, pour ma moitié.   2400 | //

23.

J'ai accepté une traite de Delcourt d'Amiens, à son ordre, sur moi, payable au 10 mars.   2500 | //

24.

	F.	
J'ai vendu au comptant, 132 douzaines mouchoirs à 12 fr.	1585	//

25.

J'ai reçu de PEYRAS, de cette ville, en paiement d'un billet échu le 30 janvier.	2000	2000	//

26.

J'ai escompté la traite sur Ravier, de Paris, à 72 p. %. 72 p. %.	500 2 50		497	50
J'ai soldé mon billet sur THIERS, de Toulouse.			2400	//

27.

BARRAN, de Pau, me remet compte de vente des 400 bouteilles liqueurs, à 3 fr. 50, dont il m'a fait compter le montant comme suit :

Espèces.	1014		
Un billet mon ordre, au 6 mars. . . .	4605 70		
Une traite mon ordre, sur Cayro. . . .	8000 30	14000	//
Pour sa commission.	380		

28.

J'ai vendu comptant, 200 barriques vin à 350 fr.	70000	//

1.er Mars.

J'ai remis compte de vente à DELCOURT, du produit des marchandises en dépôt chez moi, retenant 5 p. % de commission.	242	40

5.

THIERS, de Toulouse, me donne avis que les raisins de compte à demi avec moi, ont produit à la vente,	6400		
Il s'alloue pour sa commission. 80			
Pour frais divers. 100	180		
	6220		
Partant, il me doit pour ma moitié.		3110	//

10.

J'ai reçu le montant des effets suivans :
    4605 70, billet BARRAN, échu le 6.
    8000 30 sur CAYRO, échu le   .

	12606

EXPLICATION

Des Articles du Brouillard, et manière de les passer au Journal.

J'ai cru (pour rendre plus facile l'intelligence des principes que j'ai donnés au commencement de mon ouvrage), j'ai cru, dis-je, qu'il serait bon de donner quelques explications des articles du brouillard, en démontrant la méthode à suivre pour les passer au journal. Comme pour les cinq comptes généraux, j'ai donné plusieurs articles de la même classe, je me bornerai à expliquer seulement l'un de ces articles, les autres étant les mêmes, sinon quant aux termes, du moins quant au fonds.

Je me suis attaché, dans mes livres, à ne donner qu'un exemple de ces comptes, qu'il est indispensable de connaître, négligeant de parler d'une foule d'articles, qui tous rentrent dans ceux dont je donne des exemples, ou qui du moins n'en sont qu'une conséquence. On trouvera donc l'explication de chaque article dans cet appendice, ou bien un renvoi à l'article semblable. Il sera par là facile de concevoir la méthode que j'ai suivie, pour porter un compte, du Brouillard au Journal.

1.er Janvier.
Art. 1.er

LOUBET me donne un billet pour une somme de 2000 fr. qu'il me devait. Je porte cette somme au compte de capital, puisqu'il n'est point mentionné sur mes livres que Loubet était mon débiteur. Je dirai donc : *Traites et remises à capital.*

Art. 2.

J'achète à CROUSEILLES des marchandises dont je ne paie point le montant, mais payable dans le courant. Je dois débiter le compte de marchandises pour ce qu'il reçoit, créditer Crouseilles pour la somme qu'il fournit, spécifiant, sur mon journal, que cette somme est payable dans le courant. Je dirai donc : *Marchandises générales à Crouseilles.*

2 Janvier.
Art. 3.

Article du 3 au précédent, art. du 4, 5, à l'art. 2 du 1er. janvier.

J'achète à LAMARQUE des marchandises, contre lesquelles je lui donne mon billet. Je dois débiter ces marchandises pour ce que ce compte reçoit ; mais le compte d'effets à payer ayant fourni le montant de ce que Lamarque me livre, je crédite effets à payer, et je dis : *Marchandises générales à effets à payer.*

5 Janvier. Art. 6. — Je vends à LOUBET et à Crouseilles, des marchandises à terme. Le compte des marchandises fournit, et j'ai deux débiteurs ; je crédite marchandises, débitant Loubet et Crouseilles, et je dis : *Divers à marchandises générales.*

6 Janvier. — Ce que j'ai reçu de mon père doit être regardé comme étranger à mon commerce. Mon capital s'augmentant, je crédite capital, et je débite caisse. Je dis donc : *Caisse à capital.*

7 Janvier. — Je vends à LOUBET, au courant ; je dois donc débiter caisse et créditer marchandises. Par conséquent : *Caisse à marchandises.*

8 Janvier. — ESPENAN m'achète des marchandises qu'il me paie par son billet ; je crédite le compte des marchandises pour ce qu'il fournit, et j'ai à débiter le compte des traites et rentrées pour le billet Espenan. *Traites et remises à marchandises générales.*

9 Janvier. — La caisse me fournit le montant de 1000 douzaines peaux que j'achète au comptant ; je crédite ce compte, débitant pour autant le compte de marchandises qui reçoit. Donc : *Marchandises générales à caisse.*

11. 12. (2.) Janvier 13. — Expédier ou vendre à terme, n'est qu'une seule et même chose. Ainsi donc, lorsque j'expédie à TESCH de Toulouse, je le débite, créditant marchandises.

14 janvier. (15) (2) — Cet article se rapporte à ceux du 9 et du 2 janvier : mais comme j'ai deux créanciers, caisse et effets à payer, je dis : *Marchandises générales à divers.*

16 Janvier. — Je vends au comptant à TERNE, lui accordant un escompte de 3 p. %. Je débite caisse pour le net de ma vente, profits et pertes pour le montant de l'escompte (puisque c'est une perte pour moi). Je crédite marchandises générales, disant : *Divers à marchandises générales.*

17 Janvier. — Cet article n'est que le contre-pied du précédent ; j'achète et je

paie le montant de mon achat, escompte déduit. Je débite donc marchandises générales, créditant caisse pour ce que ce compte a fourni, profits et pertes pour l'escompte détenu. *Marchandises générales à divers.*

18 Janvier.

J'achète à THIERS, de Toulouse, et je le paie par un crédit que je lui ouvre pour le montant de ce qu'il me fournit, chez Tesch, de Toulouse, qui me doit. Je débite marchandises, en créditant Tesch. *Marchandises générales à Tesch.*

19 (2) 20 (8)
21 Janvier.

Je vends à LAMARQUE, marchandises, contre lesquelles il me remet un billet que je lui ai consenti. Le compte des marchandises fournit donc à celui d'effets à payer. Je débite celui-ci, créditant le premier, et je dis : *Effets à payer à marchandises générales.*

22 Janvier.

Je paie à CROUSEILLES une somme que je lui dois ; je dis : *Crouseilles à caisse.*

23 Janvier.

LOUBET me doit 3600 fr ; je lui achète des marchandises pour cette somme, je crédite Loubet, débitant marchandises.

24 (16)

Je débite caisse pour le montant des billets Espenan que j'encaisse, créditant traites et remise ; donc : *Caisse à traites et remises.*

25 (21 et 18)

Les deux articles du 25 me représentent ceux du 21, quant à mon billet dont je paie le montant du 19, quant au crédit ouvert à Nolibos ; mais dans cet article j'ai deux débiteurs, effets à payer et marchandises ; deux créanciers, caisse et Crouseilles. Je passe : *Divers à divers.*

26 Janvier.

Je vends à CAYRO, partie au comptant, partie contre son billet, lui accordant 3 pour % d'escompte sur ce qu'il me donne comptant. Marchandises doivent être créditées, caisse, effets à recevoir, et profits et pertes débités. *Divers à marchandises générales.*

27 Janvier.

Je paie à CROUSEILLES ma facture du 4, lui donnant partie espèces et mon billet. Je débite Crouseilles, créditant caisse et effets à payer ; donc : *Crouseilles à divers.*

27 Janvier.   LOUBET me paie ma facture du 12. Je débite les comptes de caisse et traites et remises pour ce qu'ils reçoivent, créditant Loubet. *Divers à Loubet.*

28 Janvier.   J'achète à PIERRE des marchandises sur lesquelles je lui remets un effet sur Cayro, demeurant son débiteur pour le reste de la valeur des marchandises qu'il me fournit. Je dois débiter le compte des marchandises, et créditer traites et remises pour le montant de l'effet Pierre, pour ce qui lui reste dû. Je dis : *Marchandises générales à divers.*

29 Janvier.   LARRICQ, de Bedous, m'emprunte une somme de f. 12000 ; je lui donne le billet Loubet, échu le 30, et j'exige 6 p. % par an. Je débite Larricq, spécifiant sur mon journal l'intérêt auquel il s'oblige, et je crédite traites et remises.

J'emprunte à PEYRET, de Pau, 20000 fr., qu'il me prête comme suit, retenant d'avance 400 fr. pour intérêt :

$$\left.\begin{array}{l}\text{En espèces.} \dots \dots \dots \quad 2000 \\ \text{En marchandises.} \dots \dots \quad 12000 \\ \text{En un billet au 15 février.} \quad 5600\end{array}\right\} 19600$$

Je débite donc, caisse pour 2000 fr.; marchandises générales pour 12,000 ; traites et remises pour 5600 ; profits et pertes pour 400 fr.; et je passe : *Divers à divers.*

30 Janvier.   J'ai un billet consenti par LOUBET, payable ce jour ; je le lui remets et il me donne en échange des traites pour 16320 fr. Le billet n'est que de 16000 ; mais j'exige 2 p. % pour consentir à cet échange. Je dois donc, en créditant le compte de traites et remises pour la valeur de l'effet à recevoir, profits et pertes pour mon bénéfice, débiter aussi traites et remises pour le montant des effets que je reçois. Je dirai donc : *Traites et remises à divers.*

1er Février.   CROUSEILLES me paie le montant de ma facture du 5 janvier ; il me remet en même temps, pour compte de Barran de Pau, des marchandises. Je dois créditer Crouseilles pour ce qu'il me remet pour son compte, Barran pour ce que Crouseilles me remet pour lui. Je débite caisse pour solde de ma facture du 5 janvier, marchandises

— 31 —

pour montant de celles que Barran me fait remettre. Ayant dans cet article deux débiteurs et deux créanciers, je passerai : *Divers à divers.*

3 Février.
Pour mes dépenses du mois de janvier, je paie la somme de 180 fr. Je dois débiter frais généraux et débiter caisse.

4 Février.
5 (29 Janvier).
Je remets à l'encaissement de CHIBERRY, de Navarrenx, trois effets sur sa ville ; je le débite pour leur montant et je crédite traites et remises ; ainsi : *Chiberry à traites et remises.*

7 Février.
J'achète à PINÈDE, contre mon billet, des marchandises pour compte de Lesponne, d'Urdos, à la commission de 2 p. %. Je me rembourse chez Charbonnel pour la somme et ma commission, et je reçois en espèces 500 fr., un billet que Charbonnel me remet 418 fr. Je dois donc débiter caisse, traites et remises ; créditer effets à payer et profits et pertes. Donc : *Divers à divers.*

8 Février.
9 (23 Janvier).
DELCOURT, d'Amiens, m'expédie des marchandises pour être vendues pour son compte, à la commission de 5 p. %. Ces marchandises me font des frais à leur arrivée ; je leur lève un compte que je débite des frais faits ; et je dis ; *Marchandises de Delcourt, en commission à caisse.*

11 Février.
Je reçois de CHIBERRY, de Navarrenx, une traite sur Palisse, protestée. Il s'alloue pour compte de retour et protêt, 25 fr. ; ayant pris cette traite de Loubet, je la lui remets, me réservant à mon tour ½ pour % de commission. Je débite donc Loubet par Chiberry et profits et pertes, et je dis : *Loubet à divers.*

12 Février.
Je reçois de SOULAT, de Pau, la traite Loubet sur Perrette de Pau, protestée, avec avis d'une traite du premier sur moi, pour se rembourser du montant de la traite et des frais. Je remets à Loubet cette traite, m'allouant 1 et ½ p. % de commission. La caisse recevant, je débite ce compte, et je crédite effets à payer et profits et pertes. Je dis : *Caisse à divers.*

15 Février.
Je remets à CROUSEILLES son billet échu, et il me le paie en me remettant un billet son ordre, aussi échu, et me soldant en espèces. Je dois débiter ce compte d'effets à payer par le montant de mon

billet; caisse pour les espèces que je reçois, créditer traites et remises pour ce que ce compte fournit. Donc : *Divers à traites et remises.*

16 Février.

J'ai vendu pour compte de THEN. de Bayonne, 1756 quintaux morue, à 25 fr. Je remets le montant de cette vente à L. Brun, et je retiens 3 p. % de commission. La somme qui me revient de cette vente me représente un vrai bénéfice, et je reçois l'argent qu'il me rapporte. Je débite donc caisse, créditant par profits et pertes.

17 Février.
(17 Janvier).

18.

J'achète 200 barriques vin à 300 fr., au comptant. Je crédite caisse et profits et pertes : mais ayant acheté ces marchandises de compte à demi avec Tesch de Toulouse, ce dernier doit fournir sa moitié. Je le débite donc pour cette somme. Observons que je débite dans un premier compte, marchandises de compte à demi pour toute la valeur des marchandises, et je crédite ensuite ce compte, dans un second article, de moitié de Tesch. Je dis donc : 1.° *Marchandises de compte à demi avec Tesch à divers*, c'est-à-dire à caisse et à profits et pertes; 2.° *Tesch à marchandises de compte à demi*, pour sa moitié.

21 Février.

Je remets à BARRAN, de Pau, des marchandises pour être vendues pour mon compte. Je débite compte des marchandises en commission chez Barran, et je crédite marchandises générales.

22 Février.

Dans l'achat dont THIERS, de Toulouse, me donne avis, je suis intéressé pour une moitié. Thiers ayant payé cette moitié pour moi, se rembourse par une traite pour ma part; je dis donc : *Marchandises de compte à demi avec Thiers, à effets à payer.*

23 Février.

J'accepte une traite de DELCOURT, sur moi; comme cette traite fait partie de compte de marchandies de Delcourt chez moi, je débite ce compte, créditant effets à payer.

La courte explication que j'ai donnée sur quelques-uns des articles, comparés avec les principes donnés dans mon ouvrage, suffira, je pense, pour éloigner toute difficulté. J'aurais pû m'étendre davantage, démontrer plus au long certains comptes, mais qu'on se rappelle que j'ai voulu seulement donner un ouvrage élémentaire, dans lequel des explications trop longues deviendraient nuisibles.

Balance.

Après avoir inscrit sur le Journal et le Grand Livre tous les articles, jusqu'à l'époque où je veux terminer mon inventaire, pour m'assurer que les articles de mes livres sont tous payés d'après les règles, je fais les additions du débit et du crédit du Grand Livre; je compare le total de l'un et de l'autre; je conclus, enfin, que le Grand Livre est juste, si le total du débit est égal à celui du crédit. Je dois encore trouver l'addition des sommes du Journal égale à celle du Grand Livre. Ces conditions existant, je conclus que je n'ai rien omis, non plus que rien porté de trop sur mes livres. Cette opération, que l'on nomme contrôle du Journal et du Grand Livre, se fait toujours avant de procéder à la balance.

Le compte de marchandises générales ayant été débité pour toutes celles entrées en magasin, je dois, pour balancer ce compte, faire : 1.º le relevé des marchandises qui me restent, les estimer à leur prix courant, et porter leur somme au crédit du compte. C'est ce que j'ai fait dans mes livres; mais en créditant marchandises, j'ai débité un autre compte appelé *balance de sortie*. Je le lève sur le Grand Livre, et je porte à ce compte les diverses sommes pour solde, au débit ou au crédit, selon que ces sommes appartiennent à l'un ou à l'autre.

Je dois observer qu'il est certains comptes qui rapportent toujours bénéfice ou perte : tels sont ceux des marchandises générales, des marchandises en commission, en société, etc. Le solde final de ces comptes s'opère par profits et pertes : ainsi, j'ai débité marchandises, pour f. 36321; raisins de compte à demi avec Thiers, pour 710; vins de compte à demi avec Tesch, pour 5000; et j'ai porté ces sommes au crédit de profits et pertes, comme bénéfices produits par ces comptes. Ceux des frais généraux et des marchandises en commission chez Barran, se trouvent au contraire créditées par profits et pertes, car les 180 fr. de dépense portés au 1.ᵉʳ; 380 déficit au second, sont regardés comme perte éprouvée. Je débite donc profits et pertes.

Je solderai le compte de profits et pertes, en balançant le débit et le crédit. Le crédit dans mes livres surpassant le débit, les bénéfices surpassent d'autant les pertes que j'ai faites. Mon capital se trouve donc naturellement augmenté. Je débite donc profits et pertes, et je crédite capital.

Ces premiers comptes étant ainsi balancés, je passe au compte de caisse, dans lequel le débit surpasse le crédit de 39966 fr. 41 c., ce qui revient à dire que cette somme se trouve en caisse ; je crédite caisse et je débite balance de sortie.

Deux effets à recevoir, 418 sur Charbonnel, 1204 sur Nolibos, me restent en portefeuille ; je crédite le compte de traites et remises de ces deux sommes, et je débite balance de sortie.

Dans le compte ouvert à Loubet, sur mes livres, le débit surpasse le crédit de 4050 12 ; je crédite Loubet, débitant par contre balance de sortie. Il en est de même pour les comptes Chiberry, Crouseilles, Larricq, Soulat et Thiers. Il est à observer que balance de sortie me représente les individus que je crédite, des sommes qui me sont dues, et que je dois débiter ce compte de ces mêmes sommes. Cette opération n'est qu'une conséquence de ce que j'ai déjà dit ailleurs : qu'en débitant ou créditant un compte, dans la partie double, on doit par contre, créditer ou débiter un autre compte sur les livres.

Quant à la seconde partie de la balance, je trouve dans le compte d'effets à payer, des effets en circulation, pour 13392. Je débite ce compte de ces effets, comme si j'en payais le montant, et je crédite balance de sortie.

Je débite également les comptes Espenan, Pierre, Tesch, Barran, Peyret, Delcourt, et je crédite pour ces sommes, balance de sortie.

Enfin, je débite capital pour mes bénéfices, créditant balance de sortie.

Journal a, Commencé le 1ᵉʳ Janvier 1835.

1.ᵉʳ JANVIER.

$\frac{3}{5}$	1. Traites et Remises à Capital. 2000 pour autant que Peyras me devait, son billet au 30.	2000 //

2.

$\frac{1}{4}$	2. Marchandises Générales à CROUSEILLES. 4000 pour 40 tonneaux vin que je lui achète à 100 fr.	4000 //

2.

$\frac{1}{3}$	3. Marchandises générales à effets à payer. 1200 pour 20 tonneaux vin, à 60, achetés à Lamarque, contre mon billet au 16.	1200 //

3.

$\frac{1}{3}$	4. Marchandises générales à effets à payer. 7992 pour les marchandises suivantes que je prends à Espenan de cette ville. Contre mon billet à 2 mois 500 myriagrammes savon à 15 246 kilo café à 2	7500 492	7992 //

4.

$\frac{1}{4}$ $\frac{2}{1}$	5. Marchandises Générales à Divers. 2300 pour mes achats de ce jour, savoir : à CROUSEILLES de cette ville, pour 10 tonneaux vin rouge, à 80 fr., payables à 15 jours. à ESPENAN de cette ville, pour 10 tonneaux vin à 150 fr. payables à 2 mois.	800 1500	2300 //

5.

$\frac{1}{4}$ $\frac{1}{1}$	6. Divers à Marchandises Générales. 13600 montant des ventes de ce jour, comme suit : LOUBET de cette ville, à 15 jours, 30 tonneaux vin à 120 fr. CROUSEILLES de cette ville, 500 myriagrammes savon à 20 fr.	3600 10000	13600 //

6.

$\frac{2}{5}$	7. Caisse à Capital. 10000 pour autant reçu de mon père.	10000 //

7.

$\frac{2}{1}$	8. Caisse à Marchandises Générales. 660 pour 246 kilo café vendus comptant à Loubet, à 2 50.	660 //

8.

$\frac{3}{1}$	9. Traites et Remises à Marchandises Générales. 1600 fr. pour 20 tonneaux vin à 80 fr. que je vends à Espenan, contre son billet mon ordre à 15 jours.	1600 //
		43352

Report du folio 1. | 43352 | "

9.

| 1/2 | 10. Marchandises Générales à Caisse.
10000 pour 1000 douzaines peaux au comptant. | 10000 | "

11.

| 1/4 | 11. Marchandises Générales à Crouseilles.
10000 pour 100 tonneaux vin à 100 f., payables à 15 jours. | 10000 | "

12.

| 1/1 | 12. March. Générales à March. Générales.
1000 pour 10 tonneaux vin a 100 fr., que je donne à Loubet, en échange de 100 douzaines peaux à 10 fr., que je lui achète. | 1000 | "

13.

| 4/1 | 13. TESCH de Toulouse à March. Générales.
15000 pour 1000 douz. peaux à 15 f., que je lui expédie. | 15000 | "

14.

| 1/2 3/1 | 14. Marchandises Générales à Divers.
43199 mes achats de ce jour, comme suit, savoir :
A Caisse, achat au comptant de 7466 kilo huile à 1 50. 11199
A effets à payer, mon billet ordre Barran, de Pau, au 25, contre 160 ton. eau-de-vie à 200. 32000 | 43199 | "

15.

| 3/1 | 15. Traites et Remises à March. Générales.
12000 pour 100 tonneaux vin, vendus à Loubet, à 120 fr., contre son billet au 30. | 12000 | "

16.

| 2/1 4/1 | 16. Divers à Marchandises Générales.
14932 pour 7466 kilo huile, vendus à Terne, au comptant, sous la déduction de 3 p. % d'escompte.
Caisse net de ma vente. 14484 04
Profits et pertes, escompte 3 p. %. 447 96 | 14932 | "

17.

| 1/1 2/4 1/1 | 17. Marchandises générales à Divers.
1200 pour 600 mètres toiles à 2 fr., que j'achète à Pinède de cette ville.
Au comptant, sous la déduction de 3 p. % d'escompte.
A caisse, pour espèces comptées. 1164
A profits et pertes, escompte 3 p. %. 36 | 1200 | "

18.

| 1/4 | 18. March. générales à TESCH de Toulouse.
15000 pour 150 tonneaux vin que j'achète à Thiers de Toulouse, à 100 contre un crédit que je lui ouvre chez Tesch. | 15000 | "

19.

| 1/3 | 19. Marchandises Générales à Effets à Payer.
2000 mon billet ordre Casaubon, au 30, contre 20 tonneaux vin à 100 que je lui achète. | 2000 | "

| | 167683 |

Report du folio 2. 167683 //

═══ 20. ═══

20. Divers   à   Marchandises Générales.
40000 pour 160 tonneaux eau-de-vie que j'ai vendus à Loubet à 2 50.
2	Caisse, espèces sur ma vente.	20000	40000 //
3	Traites et remises billet Loubet mon ordre au 30.	16000	
1	» » » 5 février.	4000	

═══ 21. ═══

21. Effets à Payer à Marchandises Générales.
| 3 | 1200 pour 600 mètres toile à 2 fr., que je donne à Lamarque de cette ville, contre mon billet son ordre, échu le 16, que je retire. | | 1200 // |
| 1 | | | |

═══ 22. ═══

22. Divers   à   Divers.
4400 pour mes opérations de la journée comme suit :
Crouseilles, pour autant que je lui ai compté pour sa facture du 4.   800
Marchandises générales 360 douzaines peaux à 10 f. 3600
A Caisse autant compté à Crouseilles.   800
A Loubet mon achat de ce jour contre ma facture du 4. 3600   4400 //

═══ 23. ═══

23. Divers   à   Marchandises Générales.
22500 montant de 150 tonneaux vin à 150 vendus comptant, escompte 3 p. %.
2	Caisse pour net de ma vente.	21825	22500 //
4	Profits et pertes escompte 3 p. %.	675	
1			

═══ 24. ═══

24. Caisse   à   Traites et Remises.
| 2 | 1600 pour le billet Espenan dont j'ai reçu le montant. | 1600 // |
| 3 | | |

═══ 25. ═══

25. Divers   à   Divers.
41000 pour mes opérations de ce jour comme suit :
Effets à payer, mon billet ordre Barran échu.   32000
March. générales 1000 douzaines peaux que j'ai achetées
à Nolibos.   9000
A Caisse, espèces pour mon billet ordre Barran. 32000
A Crouseilles, crédit ouvert chez lui à Nolibos
contre mon achat.   9000   41000 //

═══ 26. ═══

26. Divers   à   Marchandises Générales.
3000 pour 20 tonneaux vin blanc, à 150 vendus à Cayro; savoir :
2	Caisse, pour espèces reçues sur ma vente.	1800	3000 //
3	Traites et remises, billet Cayro mon ordre au 15 février.	1146	
4	Profits et pertes, escompte 3 p. %, sur 1800.	54	
1			281283

| | | Report du folio 3. | | 281283 | // |

27.

27. Crouseilles   à   Divers.

4	4000 pour solde de sa facture du 1.er, savoir :				
2	A caisse pour autant que je lui compte.		1000	4000	//
3	A effets à payer, mon billet son ordre au 15 février.		3000		

28. Divers   à   LOUBET.

	1000 en paiement de ma facture du 12.			
2	Caisse espèces reçues.	500	1000	//
3/1	Traites et remises, traite Loubet sur Ravier de Paris, au 20 février.	500		

28.

29. Marchandises Générales   à   Divers.

1	6000 pour 50 tonneaux vin à 100 que j'achète à Pierre de cette ville.			
3	A traites et remises billet Cayro au 15 février, donné à compte.	1146	6000	//
3	A Pierre, pour autant que je lui reste.	4854		

29.

30. Larricq de Bedous   à   Traites et Remises.

5	12000 pour autant que je lui prête à 6 p. %, en un			
3	effet sur Loubet au 30.		12000	//

30.

31. Divers   à   Peyret de Pau.

	20000 qu'il m'a prêté, retenant d'avance 400 d'intérêt.			
2	Caisse, en espèces qu'il me compte.	2000		
1	March. générales, 120 barriques vin à 1000 fr.	12000	20000	//
3	Traites et remises son billet mon ordre, au 15 février.	5600		
4/6	Profits et pertes, intérêt qu'il me retient.	400		

31.

32. Traites et Remises   à   Divers.

3	16320 pour les effets suivans que je prends à Loubet, escompte 2 p. %, en échange de son billet échu ce jour, savoir :			
	4000 sur Daléas, de Navarrenx, à vue.			
	3200 à 2 jours de vue.			
	5000 sur Palisse, au 5 février.			
	4120 « Perrette, de Pau, au 6.			
	16320			
3	A traites et remises, billet Loubet échu.	16000	16320	//
4	A profits et pertes escompte 3 p. %.	320		

| | | | | 340603 | |

Report du folio 4.   340603 | ″

1.ᵉʳ Février.

33. Divers   à   Divers.
2600 comme suit :
Caisse pour ce que j'ai reçu de Crouseilles.   1000
March. générales 16 barriques vin à 100 fr.   1600
A Crouseilles, en paiement de ma facture du 5 janvier.   1000
A Barran de Pau, pour 16 barriques vin reçues de Crouseilles pour son compte.   1600

2600 ″

3.

5/2 | **34. Frais Généraux   à   Caisse.**
180 pour mes dépenses du mois de janvier.

180 ″

4.

2/3 | **35. Chiberry de Navarrenx à Traites et Remises.**
12200 pour les effets suivans que je lui remets par ma lettre.
    4000 sur Daléas de Navarrenx, à vue.
    3200   ″   ″   à 2 jours de vue.
    5000 ″ Palisse   ″   au 5 courant.
   12200

12200 ″

5.

7/2
3
1 | **36. Soulat de Pau   à   Divers.**
13650 pour autant que je lui ai prêté à 6 p. %, savoir :
A Caisse pour espèces que lui compte.   5220
A Traites et remises sur Perrette de Pau, au 6.   4120
A Marchandises générales, 360 douzaines peaux à 12.   4320

13660 ″

7.

37. Divers   à   Divers.
918 montant de mon achat à Pinède, pour compte de Lesponne d'Urdos; 60 douzaines mouchoirs à 15 fr. que je lui expédie par Baillères voiturier, et dont je me rembourse chez Charbonnel de cette ville, par son ordre, comme suit :
Caisse, pour espèces reçues de Charbonnel.   500
Traites et remises, billet Charbonnel au 25.   418
A effets à payer, mon billet ordre Pinède, au 15 mars, contre mon achat.   900
A profits et pertes, commission 2 p. %, sur mon achat   18

918 ″

8.

7/2 | **38. March. en Comm. de Delcourt d'Amiens, à Caisse.**
80 fr. montant des frais payés pour les marchandises suivantes que je reçois de Delcourt, d'Amiens, pour être vendues pour son compte, à la commission de 5 p. %, savoir :
   17 pièces percale peinte, mesurant 60 aunes par pièce, soit 1020 aunes à 3 fr.
   22 pièces mouchoirs ou 132 douzaines à 12 fr.

80

370241

— 40 —

Report du folio 5. | 370241 | "

9.

	39. Caisse à Traites et Remises.		
2/3	4000 pour le billet Loubet, échu, dont je reçois le montant.		4000 "

11.

40. Loubet à Divers.

1 — 5050 pour le montant, frais de sa traite sur Palisse, de Navarrenx, que je lui remets protestée, avec compte de retour et pour ma commission.
2 — A Chiberry, pour le montant de sa traite. 5000
 protêt 5 fr., et compte de retour, 20. 25 | 5025
4 — A profit et pertes, pour commission ½ p. % sur 5025, que je m'alloue. | 25 12 | 5050 | 12

12.

41. Caisse à Divers.

2 — 4186 87 pour la traite Loubet sur Perette de Pau, que Soulat de Pau me remet protestée, faisant traite sur moi au 15, que Loubet me rembourse, me tenant compte de ma commission 1 et ½.
3 — A effets à payer, traite Soulat sur moi pour 4120, et les frais. | 4125
4 — A profits et pertes, commission 1 ½ pour %, sur 4125. | 61 87 | 4186 | 87

15.

42. Divers à Traites et Remises.

5600 montant du billet Crouseilles à mon ordre, échu ce jour, qu'il me paie comme suit, savoir :
3 — Effets à payer, mon billet son ordre qu'il me rend. | 3000
2/3 — Caisse, espèces qu'il me compte. | 2600 | 5600 | "

16.

43. Caisse à Profits et Pertes.

2/4 — 1317 commission 3 p. % sur 43900 fr., valeur de 1756 quintaux morue à 25 fr., que j'ai vendus pour compte de Then, de Bayonne, et dont je remets le montant à L. Brun, de cette ville, déduction faite de la commission. | | 1317 | "

44. Effets à Payer à Caisse.

3/2 — 4125 montant de la traite Soulat, sur moi. | | 4125 | "

17.

45. Marchandises Générales à Divers.

1 — 12000 pour 400 bouteilles liqueur au comptant, escompte
— 3 p. %.
2 — A caisse net de mon achat. | 11640
4 — A profit et pertes, escompte 3 p. % sur 12000. | 360 | 12000 | "

| | | | 406519 | 99 |

— 41 —

| | Report du folio 6. | | 406519 | 99 |

18.

46. March. de compte à ½ avec Tesch de Toul. à Divers.
60000 pour 200 barriques vin à 300 que j'ai acheté de compte à ½ avec Tesch de Toulouse, et dont j'ai payé le montant escompte 4 p. %.
A Caisse net de mon achat en espèces. 57600
A profits et pertes escompté 4 p. %. 2400
} 60000 //

47. Tesch de Toulouse à march. de compte à ½ avec lui.
30000 pour sa ½ à l'achat de 200 barriques vin. ...... 30000 //

19.

48. Divers à Marchandises Générales.
12000 pour 1000 douzaines peaux, vendues à Crouseilles, à 12 fr., savoir :
Crouseilles, pour le montant de ses factures des 4 et 11 janvier. 10800
Caisse, espèces pour appoint. 1200
} 12000 //

20.

49. Divers à March. de Delcourt en Commis.on
3264 montant de 17 pièces perkale, soit 1020 aunes à 3. 20 vendues à Nolibos.
Caisse, espèces sur ma vente. 2000
Traites et remises, billet Nolibos, mon ordre, au 1er. mars. 1204
Profits et pertes, escompte 3 p. %, sur 2000 60
} 3264 //

21.

50. March. en com. chez Barran de Pau, à March. Gén.
14000 pour 4000 bouteilles liqueur à 3. 50 que j'expédie à Barran de Pau, pour être vendues pour mon compte. ...... 14000 //

22.

51. March. de comp. à ½ avec Thiers de Toul. à eff. à payer.
2400 mon billet ordre Thiers, de Toulouse, au 26, que je remets par son ordre à Charbonnel, de cette ville, représentant ma ½ dans son achat de 1600 boites raisin de Smyrne, à 3 fr., de compte à ½ avec moi. ...... 2400 //

23.

52. March. de Delcourt en comm.on à eff. à payer.
2500 mon acceptation à la traite Delcourt, son ordre au 10 mars. .... 2500 //

24.

53. Caisse à March. de Delcourt en Commission.
1584 pour 132 douz. mouchoirs à 12 vendues comptant. ...... 1584 //

25.

54. Caisse à Traites et Remises.
2000, billet Peyras échu le 30 janvier. .... 2000 2000 //

| | | | 534267 | 99 |

Report du folio 7. 534267 | 99

26.

55. Divers   à   Divers.
2900 pour mes opérations de ce jour, comme suit, savoir:
Caisse net de la traite sur Ravier, de Paris, que j'ai
escomptée à ½ p. %.   497 50
Effets à payer, mon billet ordre Thiers, dont j'ai payé
le montant.   2400
Profits et pertes, escompte ½ p. %, sur 500, traite Ravier. 2 50
A traites et remises traite sur Ravier de Paris.   500
A caisse, montant de la traite Thiers.   2400

2900 //

27.

56. Divers à March. en comm. chez Barran de Pau.
13620 net produit des marchandises en commission
chez Barran, ayant donné à leur vente 14000, sur lesquels il retient pour frais et commission 380 fr., me
remboursant pour ce qui me revient.

2/3 Caisse, espèces que j'ai reçues.   1014
     Traites et remises pour les effets suivans :
       4605 70   Billet Barran mon ordre, au 6 mars.
       8000 30   Sa traite mon ordre sur Cayro.
7/   12606   12606

13620 //

28.

2/7 **57. Caisse à March. de compte à ½ avec Tesch de Toul.**
     70000 montant de ma vente, 200 barriques vin à 350 fr.

70000 //

7/4 **58. March. de compte à demi avec Tesch de Toul. à Tesch.**
     35000 pour sa ½ à la vente des march. de compte à ½.

35000 //

1ᵉʳ. Mars.

7/6 **59. Thiers, de Toul., à raisins de compte à ½.**
     3110 pour ma part au produit net qu'ont donné à leur
     vente les raisins de compte à ½ avec moi.

3110 //

10.

2/3 **60. Caisse   à   Traites et Remises.**
     12606 pour les effets suivans dont j'ai reçu le mon-
     tant, savoir :
       4605 70   Billet Barran échu le 6.
       8000 30   Sur Cayro,   6.
       12606

12606 //

» .

61. March. de Delcourt en Comm. à Divers.
2268 pour montant du compte de vente que je lui dois
7/6 pour solde.
     A Delcourt net du compte de vente remis le 8 mars
     que je lui dois.   2025 60
4   A profits et pertes pour ma commission 5 p. % que
     je retiens.   242 40

2268 //

673771 | 99

— 43 —

Report du folio 8.   673771 | 99

======= 15. =======

62. Divers   à   Profits et Pertes.

42031 pour solde des comptes suivants présentant mon bénéfice.

1	Marchandises générales, pour bénéfice net sur mes ventes.	36321
6	Raisins de compte à $\frac{1}{2}$ avec Thiers de Toulouse	710
7	Vins de compte à $\frac{1}{2}$ avec Tesch.	5000
4		

} 42031 //

63. Profits et Pertes   à   Divers.

45171. 93 Pour mes frais, et solde de ce compte.

4		
5	A frais généraux.	180
7	A marchandises en commission chez Barran.	380
5	A capital pour solde du compte P. et P.	44611 93

} 45171 | 93

64. Balance de Sortie à   Divers.

6	104983 53 pour solde des comptes suivants :	
	A marchandises générales, 22600 pour les suivantes.	
1	216 tonneaux vin à 100 21600	22600
	100 douzaines peaux à 10 1000	
1	A Loubet, pour solde de ce compte à nouveau.	4050 12
2	A caisse, pour espèces en icelle et solde à nouveau.	39966 41
2	A Chiberry, de Navarrenx, solde à nouveau.	7175
3	A Traites et remises, pour les effets suivants :	
	418, billet Charbonnel, mon ordre, au 25.	
	1204 Nolibos » échu.	
	────	
	1622	1622
4	A Crouseilles, solde de ce compte.	800
5	A Larricq, de Bedous, à nouveau.	12000
7	A Soulat, de Pau, solde à nouveau.	13660
7	A Thiers, de Toulouse.	3110

} 104983 | 53

65. Divers   à   Balance de Sortie.

104983. 53 pour les sommes ci-après et solde des comptes suivans :

2	Espanan, pour solde à nouveau.	1500
3	Effets à payer pour ceux en circulation.	13392
3	Pierre, pour solde à nouveau.	4824
4	Tesch, de Toulouse.	5000
5	Barran, de Pau.	1600
6	Peyret, de Pau.	20000
6	Delcourt, d'Amiens.	2025 60
5	Capital pour solde représentant mes bénéfices.	56611 93
6		

} 104983 | 53

970941 | 98

Grand Livre.

Doivent Marchandises

1835.

Janvier.	1	A Crouseilles, 40 tonneaux vin à 100.	2	4	4000	//
	2	A effets à payer, contre mon mandat, ordre Lamarque, au 16, 20 tonneaux vin, à 60.	3	5	1200	//
	3	A » » contre mon billet, ordre Espenan, au 3 mars, mon achat.	4	3	7992	//
	4	A divers, mes achats à Crouseilles, à quinze jours à Espenan, à deux mois.	5	2.4	2300	//
	9	A caisse, au comptant, 1000 douzaines peaux à 10.	10	2	10000	//
	10	A Crouseilles, à quinze jours, 100 tonn. vin à 100.	11	4	10000	//
	12	A marchandises générales, 100 douzaines peaux à 10.	12	1	1000	//
	14	A divers à caisse, 11199. A effets à payer 32000.	14	2.3	43199	//
	17	A divers, à caisse 1164. A P. et P. 36. 600 mètres toile à 2.	17	2.4	1200	//
	18	A Tesch, 150 tonn. vin à 100, contre un crédit ouvert sur lui.	18	4	15000	//
	19	A effets à payer, 20 tonneaux vin à 100, contre mon billet, ordre Casaubon.	19	3	2000	//
	22	A divers, 360 douzaines peaux à 10.	22		3600	//
	25	A Divers, 1000 douzaines peaux à 9 fr. achetées à Nolibos.	25		9000	//
	28	A divers, (à T. et R. 1146, à Pierre 4854), 60 tonneaux vin 100.	29	3	6000	//
	30	A Peyret, de Pau, 180 barriques vin à 100.	31	6	12000	//
Février.	1	A divers, 16 barriques vin à 100, reçues de Crouseilles pour Barran.	33		1600	
	17	A divers, 4000 bouteilles liqueurs à 3 fr.	45		12000	//
Mars.	15	A profits et pertes, bénéfices sur mes ventes.	62	4	36321	//
					178412	

Doit Loubet, de cette ville.

1835.

Janvier.	5	A Marchandises générales à quinze jours, 30 tonneaux vin à 120.	6	1	600	
Février.	11	A Divers pour sa traite sur Palisse, protestée.	40		5050	12
					8550	12

1835. Générales. Avoir.

Janvier.	5	Par divers, mes ventes à Crouseilles à un mois, à Loubet à quinze jours.	6	1.4	13600	//
	7	Par caisse, 246 kilo café, à 2. 50.	8	2	660	//
	8	Par traites et remises, 20 tonneaux à 80, à Espenan, contre son billet au 23.	9	3	1600	//
	12	Par marchandises générales, 10 tonneaux vin à 100.	12	1	1000	//
	13	Par Tesch, de Toulouse, 1000 douzaines peaux à 15.	13	4	15000	//
	15	Par traites et remises, 100 tonneaux vin à 120.	15	3	12000	//
	16	Par divers (caisse 11484.04 P. et P. 447.96) 7466 kilo huile, à 2 fr.	16	2.4	14932	//
	20	Par divers (caisse 20000 T. et R. 20000) 160 tonneaux eau-de-vie à 2. 50.	20	2.3	40000	//
	21	Par effets à payer 600 mètres toile à 2 fr. contre mon billet, ordre Lamarque.	21	3	1200	//
	23	Par divers (caisse 21825 P. et P. 675) 150 tonneaux vin à 150.	23	2.4	22500	//
	26	Par divers (caisse 180 T. et R. 1146 P. et P. 54) 20 tonneaux vin à 150.	26	2.3	3000	//
Février.	5	Par Soulat, de Pau, 360 douzaines peaux à 12.	36	7	4320	//
	19	Par divers (Crouseilles 10800, caisse 1200) 100 douzaines peaux à 12.	48		12000	//
	21	Par marchandises en commission chez Barran, de Pau, 4000 bouteilles liqueurs à 3. 50.	50	7	14000	//
Mars.	15	Par balance de sortie, pour celles en magasin.	64	6	22600	//
					178412	

1835. Avoir.

Janvier.	22	Par divers, 360 douzaines peaux à 10.	22		3600	//
	27	Par divers (caisse 500 T. et R. 500) solde de ma facture du 12.	28		1000	//
Mars.	15	Par balance de sortie à nouveau.	64	6	4050	//
					8650	

Dou Caisse.

1835.

Janvier.	6	A capital, pour espèces reçues de mon père.	7	6	10000	"
	7	A marchandises générales, 246 kilo café, à 2.50.	8	1	660	"
	16	A marchandises générales, net de 7466 kilo huile à 2.	16	1	14484	04
	20	A marchandises générales, espèces sur 40000.	20	1	20000	"
	23	A marchandises générales, net de 150 tonn. vin à 150.	23	1	21825	"
	24	A traites et remises, montant du billet Espenan.	24	3	1600	"
	26	A marchandises générales, espèces sur ma vente de ce jour.	26	1	1800	"
	27	A Loubet, espèces sur ma facture du 12.	28	1	500	"
	30	A Peyret, de Pau, espèces qu'il me prête.	31	6	2000	"
Février.	1	A divers, espèces reçues de Crouseilles.	33		1000	"
	7	A divers, espèces reçues de Charbonnel.	37		500	"
	9	A traites et remises pour le billet Loubet, écha.	39	3	4000	"
	12	A divers, autant reçu de Loubet en remboursement.	41		4186	87
	15	A traites et remises, appoint donné sur le billet Crouseilles.	42	3	2600	"
	16	A profit et pertes, commission 3 p. % sur 43900.	43	4	1317	"
	19	A marchandises générales, appoint sur le montant de 1000 douzaines peaux à 12.	48	1	1200	"
	20	A marchandises de Delcourt en commission, espèces sur 1020 aunes perkale à 3.20.	49	7	2000	"
	24	A marchandises de Delcourt, en commission, 132 douzaines mouchoirs à 12.	53	7	1584	"
	25	A traites et remises, billet Peyras.	54	3	2000	"
	26	A divers, net de la traite Ravier, de Paris.	55	3	497	50
	27	A marchandises en commission chez Barran, espèces à leur vente.	56	7	1014	"
	28	A marchandises de compte à demi avec Tesch, produit à la vente.	57	7	70000	"
Mars.	10	A traites et remises pour les effets encaissés.	60	3	12606	"
					177374	41

Dou Espenan, de cette ville.

1835.

Mars.	15	A balance de sortie pour solde de ce compte.	65	6	1500	"
					1500	

Dou Chiberry, de Navarrenx.

1835.

Février.	4	A traites et remises pour effets que je lui remets.	35	3	12200	"
					12200	

1835.

Avoir.

Janvier.	9	Par marchandises générales, 1000 douzaines peaux à 10 fr.	10	1	10000	//
	14	Par marchandises générales 7466 kilo huile à 1 50.	14	1	11199	//
	17	Par marchandises générales, net de 600 mètres drap à 2 fr.	17	1	1164	//
	22	Par divers, espèces à Crouseilles.	22		800	//
	25	Par divers, espèces pour mon billet ordre Barran.	25		32000	//
	27	Par Crouseilles, espèces sur sa facture du 1.er	27	4	1000	//
Février.	3	Par frais généraux, diverses dépenses du mois de janvier.	34	5	180	//
	5	Par Soulat, de Pau, argent que je lui prête.	36	7	5220	//
	8	Par marchandises de Delcourt, d'Amiens, en commission.	38	7	80	//
	16	Par effets à payer, mon billet ordre Soulat.	44	3	4125	//
	17	Par marchandises générales net de mon achat.	45	1	11640	//
	18	Par marchandises de compte à demi avec Tesch, de Toulouse, net de 200 barriques vin.	4	7	57600	//
	26	Par divers, montant de la traite ordre Thiers.	55	3	2400	//
Mars.	15	Par balance de sortie, pour espèces en icelle.	64	6	39966	41
					177374	41

1835.

Avoir.

Janvier.	4	Par march. générales, à 2 mois, 10 tonn. vin à 150.	5	4	1500	//
					1500	//

1835.

Avoir.

Février.	11	Par Loubet, pour une traite de ce dernier et frais.	40	1	5025	//
Mars.	15	Par balance de sortie, solde de ce compte.	64	6	7175	//
					12200	//

— 50 —

1835. Doiveur Traites et Remises.

Janvier.	1	A capital, billet Peyras m./o.	1	11	Au 30 janvier.	1	5	2000	»
	8	A marchandises générales.	2	1	Billet Espenan, m./o., au 23.	9	1	1600	»
	15	A marchandises générales.	3	3	Billet Loubet au 30.	15	1	12000	»
	20	A marchandises générales.	4	4	Billet Loubet au 30.	20	1	16000	»
	»	» »	5	9	» » au 5 février.	20	1	4000	»
	26	A marchandises générales.	6	2	Billet Cayro, m./o., au 15 fév.	26	1	1146	»
	27	A Loubet de cette ville.	7	12	T. Lou., sur Rav. de Paris 20 f.	28	1	500	»
	30	A Peyret de Pau.	8	10	Son billet m./o. au 15 février.	31	6	5600	»
	31	A divers, traite Loubet.	9	5	Sur Daléas, de Nav., à vue.	32	3.4	4000	»
	»	» »	10	6	» » à 2 jours.	32	3.4	3200	»
	»	» »	11	7	Sur Palisse » au 5 févr.	32	3.4	5000	»
	»	» »	12	8	Sur Perrette, de Pau, au 6 fév.	32	3.4	4120	»
Février.	7	A divers.	13	15	Bt. Charbonnel, m./o., au 25.	37		418	»
	20	A march. de Delcourt en com.	14	16	Bt. Nolibos, m./o., au 1.er m.	49	7	1204	»
	27	A marc. en com. chez Barran.	15	13	Billet Barran, m./o., au 6 m.	56	7	4605	70
	»	» »	16	14	Traite Barran sur Cayro.	56	7	7000	30
								73394	

1835. Doiveur Effets à payer.

Janvier.	21	A marchandises générales.	1	1	Mon billet ordre Lamarque.	21	1	1200	»
	25	A divers.	2	3	Mon billet ordre Barran.	25		32000	»
Février.	15	A divers.	3	5	Mon billet ordre Crouseilles.	42		3000	»
	16	A caisse.	4	7	Mon billet ordre Soulat.	44		4125	»
	26	A divers.	5	8	Mon bt. ord. Thiers, de Toul.	55		2400	»
Mars.	15	A balance de sortie mon billet.	6	2	Ordre Espenan, échu.	65	6	7992	»
	»	» » » »	7	4	Ordre Casaubon, au 30.	65	6	2000	»
	»	» » » »	8	6	Ordre Pinède, au 15.	65	6	900	»
	»	» » mon acceptation	9	9	Ordre Delcourt, échu.	65	6	2500	»
								70772	

1835. Dou Pierre de

Mars.	15	A balance de sortie, pour solde de ce compte.	65	6	4854
					4854

— 51 —

Avoir.

1835.								
Janvier.	24	Par caisse.	1	2	Billet Espenan.	29		1600	»
	28	Par marchandises générales.	2	6	Billet Cayro, au 15 février.	29	1	1146	»
	29	Par Larricq, de Bedous.	3	3	Billet Loubet, au 30.	30	5	12000	»
	31	Par traites et remises.	4	4	Billet Loubet, échu le 30.	32	3	16000	»
Février.	4	Par Chiberry, de Navarrenx.	5	9	Sur Daléas, de Nav., à vue.	35	2	4000	»
	»	» »	6	10	» » à 2 jours de vue.	35	2	3200	»
	»	» »	7	11	Sur Palisse, au 5.	35	2	5000	»
	5	Par Soulat, de Pau.	8	12	Sur Perrette, de Pau, au 6.	36	7	4120	»
	9	Par caisse.	9	5	Billet Loubet, échu.	39	2	4009	»
	15	Par divers.	10	8	Billet Crouseilles, échu.	42		5600	»
	25	Par caisse.	11	1	Billet Peyras, échu le 30 janv.	54	2	2000	»
	26	Par divers, traite Loubet.	12	7	Sur Ravier que j'escompte.	55		500	»
Mars.	10	Par caisse.	13	15	Billet Barran, mon ordre.	60	2	4605	70
	»	» traite Barran.	14	16	Sur Cayro, de cette ville.	6	2	8000	30
	15	Par balance de sortie, billet.	15	13	Charbonnel, mon ordre au 25.	64	6	418	»
	»	» »	16	14	Nolibos, échu.	64	6	1204	»
								73394	»

Avoir.

1835.								
Janvier.	2	Par marchandises générales.	1	1	Mon b. ord. Lamarque au 16.	3	1	1200	»
	3	» »	2	6	Mon b. ord. Espenan au 2 m⁵.	4	1	7992	»
	14	Par marchandises générales.	3	2	Mon b. o. B., de Pau, au 25 c.	14	1	32000	»
	19	Par marchandises générales.	4	7	Mon b. o. Casaubon, au 30 m.	19	1	2000	»
	27	Par Crouseilles, de cette ville.	5	3	Mon b. son ordre, au 15 fév.	27	4	3000	»
Février.	7	Par divers.	6	8	Mon b. or.d Pinède, au 15 m.	37		900	»
	12	Par caisse.	7	4	Traite Soulat, sur moi, au 15.	41	2	4125	»
	22	Par m. de cⁱᵉ. à 1/2 avec Thiers.	8	5	Mon b. o. T., au 26, p. ma 1/2.	51	6	2400	»
	23	Par m. en comm. de Delcourt.	9	9	Acceptation au 10 mars.	52	7	2500	»
								70772	»

Avoir.

1835.						
Janvier.	28	Par marchandises générales, reste dû sur 6000.	29	1	4854	»
					4854	

Doiveur Profits et Pertes.

1835.

Janvier.	16	A march. générales, escompte 3 p. %, sur 14932.	16	1	447	96
	23	A march. générales, escompte 3 p. %, sur 22500.	23	1	675	//
	26	A march. générales, escompte 3 p. %, sur 1800.	26	1	54	//
	30	A Peyret de Pau, pour intérêt qu'il me retient.	31	6	400	//
Février.	20	A marchandises de Delcourt, en commission, escompte 3 p. %, sur 2000.	49	7	60	//
	26	A divers, escompte payé sur 500, 1/2 p. %.	55	//	2	50
Mars.	15	A divers, pour mes dépenses et commission à Barran.	63	//	560	//
	//	A capital, pour solde de ce compte, représentant mes bénéfices.	63	5	44611	93
					46811	39

Doit Crouseilles de cette ville.

1835.

Janvier.	5	A march. gén., à un mois, 500 myr. savon à 20.	6	1	10000	//
	22	A divers, pour sa facture du 4 janvier.	22		800	//
	27	A divers, (à caisse 1000, à effets à payer 3), sa facture du 1ᵉʳ.	27	2.3	4000	//
Février.	19	A marchandises générales, (ses factures des 4 et 11 janvier), 1000 douzaines peaux à 12.	48	1	10800	//
					25600	//

Doit Tesch de Toulouse.

1835.

Janvier.	13	A marchandises générale,s 100 douzaines peaux à 15.	13	1	15000	//
	18	A vins de compte à 1/2 avec lui pour sa 1/2.	47	7	30000	//
Mars.	15	A balance de sortie solde de ce compte.	64	6	5000	//
					50000	//

Avoir.

1835.

Janvier.	17	Par march. générales, escompte 3 p. %, sur 1200.	17	1	36	//
	31	Par traites et remises, escompte 2 p. %, sur 16320.	32	3	320	//
Février.	7	Par divers, commission 2 p. %, ur 900.	37	//	18	//
	11	Par Loubet, comm. ½ p. %, sur ssa traite protestée.	40	1	25	12
	12	Par caisse, commission 1 ½ p. %, payée par Loubet.	41	2	61	87
	16	Par caisse, commission 3 p. %, sur les marchandises pour compte de Then.	43	2	1317	//
	17	Par marchandises générales, escompte 3 p. %.	45	1	360	//
	18	Par vins de compte, à demi avec Tesch, de Toulouse, escompte 4 p. %.	46	7	2400	//
Mars.	10	Pour ma commission, sur les marchandises de Delcourt, à 5 p. %.	61	7	242	40
	15	Par divers, mes bénéfices.	62	//	42031	//
					46811	39

Avoir.

1835.

Janvier.	1	Par march. générales, 40 toun. vin à 100.	2	1	4000	//
	4	Par » » à 15 jours, 10 tonn. vin, à 80.	5	1	800	//
	10	Par marchandises générales, à 15 jours, 100 tonneaux vin à 100.	11	1	10000	//
	25	Par divers, crédit ouvert chez lui à Nolibos.	25	//	9000	//
Février.	1	Par divers, solde de ma facture du 5 janvier.	33	//	1000	//
Mars.	15	Par balance de sortie pour solde de ce compte.	65	6	800	//
					25600	//

Avoir.

1835.

Janvier.	19	Par marchandises générales, pour un crédit ouvert à Thiers, contre mon achat.	19	1	15000	//
Février.	28	Par vins de compte à ½, pour sa part à la vente.	58	7	35000	//
					50000	//

Dou Larricq, de Bedous.

1835.

Janvier.	39	A traites et remises, billet Loubet, que je lui prête à 6 p. %	30	3	12000	"
					12000	"

Dou Barran, de Pau.

1835.

Mars.	15	A balance de sortie pour solde à nouveau.	65	6	1600	"
					1600	"

Dou Capital.

1835.

Mars.	15	A balance de sortie, solde de ce compte.	65	6	56611	93
					56611	93

Doiveur Frais Généraux.

1835.

Février.	3	A caisse, pour diverses dépenses du mois de janvier.	34	2	180	"
					180	"

— 55 —

1835.

Avoir.

Mars.	15	Par balance de sortie, solde à nouveau.	64	6	12000	//
					12000	

1835.

Avoir.

Février.	1	Par divers, 16 barr. vin à 100, reçues de Cronseilles.	33	//	1600	//
					1600	

1835.

Avoir

Janvier.	1	Par traites et remises, billet Peyras, pour ce qu'il me doit.	1	3	2000	//
	6	Par caisse pour ce que j'ai reçu de mon père.	7	2	10000	//
Mars.	15	Par profits et pertes net de mes bénéfices.	63	4	44612	93
					56611	93

1835.

Avoir.

Mars.	15	Par profits et pertes, pour mes dépenses.	63	4	180	//
					180	

Dou Peyret, de Pau.

1835.

Mars.	15	A balance de sortie, solde de ce compte.	65	6	20000	//
					20000	

Doivent Raisins de compte à 1/2 avec

1835.

Février.	22	A effets à payer, mon billet au 26, pour ma 1/2.	5	3	2400	//
Mars.	25	A profits et pertes pour solde, représentant mon bénéfice.	62	4	710	//
					3110	

Dou Delcourt, d'Amiens.

1835.

Mars.	15	A balance de sortie, solde de ce compte.	65	6	2025	60
					2025	60

Dou Balance de Sortie.

1835.

Mars.	15	A marchandises générales, pour celles en magasin.	64	1	22600	//
		A Loubet, pour solde son compte.	64	1	4050	12
		A caisse, pour espèces en icelle.	64	2	39966	41
		A Chiberry, de Navarreux, solde à nouveau.	64	2	7175	//
		A traites et remises, effets en portefeuille.	64	3	1622	//
		A Crouseilles, pour solde à nouveau.	64	4	800	//
		A Larricq, de Bedous, solde à nouveau.	64	5	12000	//
		A Soulat, de Pau.	64	7	13660	//
		A Thiers, de Toulouse.	61	7	3110	//
					104983	53

1835.

Janvier. 30 | Par divers, pour autant qu'il m'a prêté. | 31 | " | 20000 | "
| | | | 20000 | "

Avoir.

Thiers de Toulouse. *Avoir.*

1835.

Mars. 1 | Par Thiers, pour ma ½ au produit net. | 59 | 7 | 3110 | "
| | | | 3110 | "

Avoir.

1835.

Mars. 10 | Par march. en commission, net du compte de vente. | 61 | 7 | 2025 | 60
| | | | 2025 | 60

Avoir.

1835.

Mars. 15 | Par Espenan, pour solde de son compte. | 65 | 2 | 1500 | "
| Par effets à payer pour ceux en circulation. | 65 | 3 | 13392 | "
| Par Pierre, solde à nouveau. | 65 | 3 | 4854 | "
| Par Tesch, de Toulouse. | 65 | 4 | 5000 | "
| Par Barran, de Pau. | 65 | 4 | 1600 | "
| Par Peyret, de Pau. | 65 | 6 | 20000 | "
| Par Delcourt, d'Amiens. | 65 | 6 | 2025 | 60
| Par capital, net de mes bénéfices. | 65 | 5 | 56611 | 93
| | | | 104983 | 53

— 58 —

Doit Soulat, de Pau.

1835.

Janvier.	5	A divers, pour ce que je lui prête à 6 p. %.	36	//	13660	//
					13660	//

Doit. Marchandises de Delcourt, d'Amiens.

1835.

Février.	8	A caisse, pour divers frais que j'ai payés.	38	2	80	//
	23	A effets à payer, mon acceptation au 10 mars.	52	3	2500	//
Mars.	10	A divers, pour solde de ce compte, et montant du compte de vente que je remets.	61	//	2268	//
					4848	//

Doit Thiers de Toulouse.

1835.

Mars.	1	A raisins de compte à 1/2 pour ma moitié qu'il me doit.	59	6	3110	//
					3110	//

Doit March. en Commission.

1835.

Février.	21	A march. générales, 4000 bout. liqueurs à 3 fr. 50.	50	1	14000	//
					14000	//

Doivent Vins de compte à 1/2

1835.

Février.	18	A divers, pour 200 barriques vin à 300 (caisse 57600 P. et P. 2400.)	46	2.4	60000	//
	28	A Tesch, de Toulouse, pour sa 1/2 à la vente.	58	4	35000	//
Mars.	15	A profits et pertes, solde de ce compte, pour mes bénéfices.	62	4	5000	//
					100000	//

1835.

Avoir.

Mars.	15	Pour balance de sortie, solde à nouveau.	64	6	13660	//
					13660	//

en Commission. *Avoir.*

1835.

Février.	20	Par divers (caisse 2000 T. et R. 1204 P. et P. 60.) 1020 aunes perkale à 3 fr. 20.	49	//	3264	//
	25	Par caisse, 132 douz. mouchoirs à 12 f. au comptant.	53	2	1584	//
					4848	//

Avoir.

1835.

Mars.	15	Par balance de sortie, solde à nouveau.	61	6	3110	//
					3110	//

chez Barran, de Pau. *Avoir.*

1835.

Février.	27	Par divers, net de la vente de mes marchandises.	56	//	13620	//
Mars.	15	Par profits et pertes, pour solde.	63	4	380	//
					14000	

avec Tesch de Toulouse. *Avoir.*

1835.

Février.	18	Par Tesch, de Toulouse, sa moitié qu'il me doit.	47	4	30000	//
	28	Par caisse, vente des vins au comptant.	57	2	70000	//
					100000	//

La balance des livre étant faite, on présente au négociant dont on tient les livres leur résultat sous la forme d'inventaire. Ce travail sert encore pour faciliter l'ouverture de nouveaux livres. Le modèle que je donne est pris sur la balance des comptes compris dans mes livres.

BILAN ou inventaire général de marchandises, effets en portefeuille, argent, etc., des dettes actives et passives, du 1er janvier au 15 mars 1835.

Actif.				Passif.			
Marchandises en magasin:				Effets en circulation:			
216 tonneaux vin à 100 f.	21600	»	22600 »	Mon billet ordre Espenan.	7992	»	
100 douzaines peaux à 10 f.	1000	»		ordre Casaubon.	2000	»	13392 »
Espèces en caisse.	»	»	39966 41	ordre Pinède.	900	»	
Effets en portefeuille :				ordre Delcourt.	2500	»	
Billet Charbonnel.	418	»	1622 »	Créanciers par compte :			
Billet Nolibos.	1204	»		Espenan, pour ce que je lui dois pour solde.	1500	»	
Débiteurs par compte :				Pierre.	4854	»	
Loubet, pour solde de son compte.	4050	12		Tesch.	5000	»	34979 60
Chiberry.	7175	»		Barran.	1600	»	
Crouseilles.	800	»	40795 12	Peyret.	20000	»	
Larricq.	12000	»		Delcourt.	2025	60	
Soulat.	13660	»					
Thiers.	3110	»					
Total de l'actif.			104983 53	Total du passif.			48371 60

RÉSULTAT.

ACTIF... 104983. 53
PASSIF.. 48371. 60
CAPITAL. 56611. 93

DES COMPTES COURANTS
Portant Intérêt.

Les comptes ouverts au Grand Livre, sont autant de comptes courants que le négociant lève à ceux avec qui il a quelques relations commerciales. Ces comptes, pour la plupart, renferment simplement ses fournitures, ses débours, comme aussi ce qu'il reçoit de ses commettans. On a déjà vu quelle est la manière d'ouvrir ces comptes, de les tenir, de les solder.

Il est un autre espèce de comptes courants qui, outre le détail des sommes au débit et au crédit, renferme encore l'intérêt de chacune de ces sommes. Ces comptes, appelés comptes courants d'intérêt, sont ordinairement tenus sur un livre à part. J'expliquerai, en peu de mots, la manière de les tenir.

La première colonne renferme, comme au Grand Livre, les dates; les sommes véritables se trouvent à la seconde colonne. Après l'explication de l'article, vient l'époque à laquelle les sommes sont remises; dans la colonne suivante, les jours qui se sont écoulés depuis la première échéance; à la dernière colonne, le produit de la multiplication des sommes par les jours.

J'ai cru devoir uniquement adopter la nouvelle méthode de tenir les comptes courans. Il me semble plus simple de calculer les jours écoulés depuis la première échéance, au lieu de compter, comme dans l'ancienne méthode, les jours qui s'écoulent depuis chaque époque, jusqu'à la balance ou colonne des nombres.

Pour avoir les intérêts, je multiplie les sommes par le nombre des jours, j'écris le produit sur la dernière colonne, et j'ai l'intérêt juste en divisant par 6000.

Afin de concevoir cette opération, observons que dans le commerce on considère l'année comme composée de 360 jours, chaque mois de 30 jours. Cela posé, l'intérêt étant fixé à 6 pour cent l'an, pour avoir l'intérêt à 6 pour cent de 100 fr., je multiplie 100 par 360, nombre de jours qui composent l'année, et le résultat, 36000, sera une somme dont l'intérêt d'un jour sera égal à celui de 100 pendant un an. Pour avoir cet intérêt, j'ai divisé 36000 par 6000; donc, en multipliant une somme par le nombre de jours qui s'écoulent du moment où on l'a prêtée jusqu'au jour auquel cette somme est soldée, et divisant les nombres ou produit de la multiplication de la somme par les jours, par 6000, on aura l'intérêt à 6 pour cent ; on l'aurait à 5, en divisant par 7200, à 3, par 9000.

Après avoir fixé l'époque de la clôture, j'additionne les capitaux au débit et au crédit, j'écris intérieurement leur balance du côté le plus faible, et je la multiplie par le nombre des jours écoulés depuis le commencement jusqu'à la clôture, portant les nombres que j'obtiens de cette multiplication à la colonne en face la balance des capitaux. J'ajoute ensuite les nombres, j'en fais la balance, et je l'écris dans leur colonne ; j'en extrais les intérêts par la division, je les porte à la colonne des capitaux du même côté, et je balance les capitaux.

MODÈLE DES COMPTES COURANTS
PORTANT INTÉRÊT.

Doit. M. Delcourt, d'Amiens, Son compte courant à 6 p. %, chez Terraux, à Oloron, arrêté le 5 mars 1835. *Avoir.*

1835.				1.er Janvier.			Époque.		1835.							
Janvier.	5	4000	"	Mon expédition de 10 tonneaux vin à 400.	5 Janvier.	5	20000	"	Janvier.	1er	300	Solde du précédent.	3 Décemb.	"	"	"
	7	6000	"	Une traite que j'ai payée.	17 "	17	102000	"	Février	5	1050	Ma traite sur lui au 5 Mars.	5 Mars.	64	67200	"
	25	9000	"	Mon acceptation au 19 mars.	19 Mars.	79	171000	"		10	1200	" " au 31.	31 Mars.	90	108000	"
	30	600	"	Payé pour son compte à Jauge.	30 Janvier.	30	18000	"		15	9000	Sa facture valeur au 10.	10 Mars.	69	621000	"
Mars.	6	8000	"	Payé à Carbon pour lui.	6 Mars.	65	520000	"		25	10000	Ma traite sur lui au 10 Mars.	10 Mars.	69	690000	"
	14	600	"	Son mandat que j'ai payé.	14 Mars.	73	43800	"	Mars.	5	6000	Argent reçu pour compte.	5 Mars.	64	384000	"
		28200	"	2050 bal. des capitaux.	15 Mars.	74	151700	"			30250					
		160	53	Intérêt sur 843700, balance des nombres.			1026500	"								
		28360	53				843700	"								
		1889	47	Solde en ma faveur à nouveau.			1870200	"							1870200	"
		30250	"													

www.ingramcontent.com/pod-product-compliance
Lightning Source LLC
LaVergne TN
LVHW021730080426
835510LV00010B/1192